L'ABBÉ DE L'ÉPÉE,

COMÉDIE HISTORIQUE,

EN CINQ ACTES.

EDITION AVOUÉE PAR L'AUTEUR.

L'ABBÉ DE L'ÉPÉE,

COMÉDIE HISTORIQUE,

EN CINQ ACTES ET EN PROSE,

Par J*** N** BOUILLY, membre de la Société Philotechnique.

Représentée, pour la première fois, au Théâtre Français de la République, le 23 frimaire an VIII.

. . . . » Et ipse
» Notus in fratres animi paterni. »
HOR. L. I.

« Je me suis montré plein d'amour paternel
» envers mes frères. »

Prix : 1 fr. 50 cmes.

A PARIS,

Chez ANDRÉ, Imprimeur-Libraire, rue de la Harpe, No. 477.
Et Palais - Égalité, Galerie derrière le théâtre de la République, No. 51.

AN HUITIÈME.

A

HUBERT VINCENT-DE-PAUL BOURGUIN,

Professeur-émérite de Philosophie, mon beau-Père, mon instituteur et mon premier ami.

C'est à vous que je veux...... que je dois dédier cet ouvrage.

Je ne chercherai point à parer mon offrande d'un style brillant et recherché : quand l'ame est vivement émue, elle ne peut rien emprunter à l'esprit; le cri du cœur n'est jamais que l'écho de la nature.

Je n'ai pu tracer une ligne de cette Comédie Historique, sans que votre nom ne se retraçât à mon souvenir..... Vous êtes pour moi ce que l'*Abbé de l'Epée* fut à son cher *Théodore*.

D'un jeune sourd-muet de naissance, condamné à ne faire nombre que parmi les animaux, *de l'Epée* fit un être intéressant, un homme utile à la société.... Instruit par vous dès ma plus tendre enfance, guidé par vous seul dans le sentier des vertus et de la vérité, j'ai percé l'ombre qui m'environnait de toutes parts; je me suis créé une ame à la mesure de la vôtre; je suis devenu.... ce que sans vous je n'eusse jamais été.

Théodore transporté à cent soixante lieues de ses foyers par un tuteur ambitieux et barbare, devait passer le reste de sa vie dans le néant et le malheur : le génie de l'*Abbé de l'Epée* lui fait retrouver sa patrie, un nom légitime, et le rétablit dans tous ses droits.

Privé de mon père, avant même d'avoir reçu le jour; victime de l'ambition d'un homme adroit et puissant, il ne me restait que la tendresse d'une mère jeune et sans expérience : vous unissez votre sort au sien; et aussitôt vous ne songez plus qu'à me défendre : vous bravez le crédit et la haine d'un premier magistrat; vous exposez pour moi votre état, votre fortune, votre repos, votre liberté, votre vie... Le ciel bénit un si généreux courage : la justice triomphe; le spoliateur est par vous démasqué.

Jè termine ici le parallèle : l'énumération de tout ce que je vous dois est impossible... ma main qui cède à l'émotion que j'éprouve en ce moment, me force de terminer ici cette Epitre Dédicatoire... Puisse-t-elle, en vous offrant un gage public de ma reconnaissance, mouiller vos yeux paternels de quelques douces larmes!

BOUILLY.

PRÉFACE.

Cet ouvrage est de tous ceux que j'ai mis sur la scène, celui qui m'a coûté le plus de travail et de méditations. J'ai été long-tems arrêté par le rôle du sourd-muet, difficile à établir dans un grand cadre; il m'a fallu, pour m'exposer à tous les écueils qu'il présentait, l'idée irrésistible d'honorer la mémoire de l'*abbé de l'Épée.*

Quel nom, en effet, était plus digne d'intéresser sur la scène française, que celui d'un philantrope qui consacra tous ses instans, usa toutes ses forces, employa toute sa fortune à récréer des infortunés voués à un néant éternel, et qui cherchait à cacher sous la modestie la plus touchante, l'éclat de son génie et l'assemblage étonnant des plus admirables vertus?

Deux faits que je tiens de ceux qui ont eu le bonheur de vivre auprès de lui, et que je ne puis m'empêcher de retracer ici, suffiront pour caractériser ce grand homme.

L'*abbé de l'Épée* avait environ 14,000 francs de revenu; il entretenait, à ses frais, son école, et à cet effet, il ne se permettait jamais de dépenser pour lui, plus de 2000 francs, regardant tout le reste de son revenu, comme le patrimoine de ses élèves. Pendant l'hiver rigoureux de 1788, étant alors d'un grand âge et atteint de plusieurs infirmités, il se refusa du bois pendant quelque tems; sa gouvernante s'en apperçut, et à la tête de 40 sourds-muets, qui tous fondaient en larmes, et lui faisaient signe de se conserver pour eux, elle le força d'outre-passer sa dépense ordinaire d'environ *cent écus*. Ce respectable vieillard ne s'en consola jamais ; et souvent en jouant avec les infortunés qu'il appelait ses enfans, il leur disait : *Je vous ai fait tort de trois cents livres*.

En 1780, l'ambassadeur de l'impératrice des Russies, vint le féliciter de sa part et lui offrir un présent considérable... « Monsieur l'ambassadeur, ré» pondit l'*abbé de l'Épée*, je ne reçois jamais d'or ;
» dites à sa majesté, que si mes travaux ont quelques
» droits à son estime, tout ce que je lui demande, c'est
» de m'envoyer un sourd-muet de naissance ».

Tant de dévouement et de grandeur d'ame devait utiliser d'une manière éclatante, les travaux de cet interprête de la nature qu'elle semblait avoir formé pour réparer ses torts : aussi mille et mille bienfaits ont-ils signalé la carrière de cet homme célèbre.

De tous ces bienfaits, celui qui m'a paru le plus propre à produire des effets dramatiques, est le fait historique que je retrace dans cet ouvrage, et qui excita l'étonnement et l'admiration de toute l'Europe.

Je ne me suis point dissimulé que l'entreprise était délicate. Je savais que ce fait mémorable avait donné lieu à de grands débats juridiques ; je savais que la puissance, l'intrigue, et pardessus tout, la haine que l'archevêque de Paris portait alors à *l'abbé de l'Épée*, avaient empêché ce dernier d'obtenir tout le prix de ses longues et précieuses recherches ; je savais enfin qu'on avait été jusqu'à calomnier ce vieillard respectable, et à répandre avec audace, qu'il s'était repenti de ce qu'il avait fait pour son élève. J'ai voulu, d'après cela, employer tous les moyens que dicte la délicatesse, pour ne réveiller aucunes querelles, et n'exciter aucuns ressentimens; en me bornant donc au fait principal, j'y ai ajouté des dévelbppemens épisodiques, des personnages étrangers, et je me suis livré avec sécurité à tous les élans de l'imagination qu'un zèle pur animait, et que dirigeait la prudence.

Cependant, malgré toutes ces précautions dont je m'applaudis, et qu'à ma place, bien des gens de lettres ne se fussent pas donné la peine de prendre; j'apprends que dans l'instant même où j'écris cette préface, des personnes que je n'ai jamais vues et dont j'ignorais jusqu'à l'existence, font des démarches auprès des autorités supérieures, pour arrêter les représentations de ma pièce; et qu'ils m'accusent dans les journaux de ne l'avoir mise au théâtre, que pour *troubler leur repos et compromettre leur honneur.*

Ces imputations sont trop mal fondées, pour que j'entreprenne de les combattre... Non, l'on ne parviendra jamais à faire croire que l'auteur de *l'abbé de l'Epée*, eut en composant son ouvrage, des intentions basses et perfides. Les nombreux spectateurs qui à chaque représentation de ma pièce, daignent m'honorer de leurs suffrages, en seront tous garans.

Que l'élève de *l'abbé de l'Epée* ait été reconnu comte de *Solar*, par sentence du Châtelet de Paris, le 8 juin 1781; que cette même sentence ait été infirmée en 1792, peu m'importe!... Il n'en est pas moins vrai que le grand homme que je célèbre, est parvenu à faire un homme intéressant d'un jeune sourd-muet de naissance (que j'appelle, moi, *Jules d'Harancour*) ; que ce sourd-muet, orphelin et sans appui, parvint après de longs travaux, à découvrir sa patrie; et que loin d'avoir eu des regrets de ce qu'il avait fait pour son élève, *l'abbé de l'Epée* est mort avec la conviction intime que cet infortuné appartenait à une famille honorable et qu'il avait été victime de la plus criminelle ambition... Voilà ce qui m'a été assuré par plusieurs personnes qui ont connu le fondateur de l'institution des sourds-muets; voilà ce que j'ai voulu retracer, pour honorer sa mémoire et intéresser en faveur de ceux qu'il fit les légataires de son génie.... J'ai eu le bonheur d'atteindre ce double but : tous les yeux sont mouillés de douces larmes, en voyant sur la scène française *l'abbé de l'Epée* ; et la proscription du bon, du respectable *Sicard* vient enfin de cesser!... Que les ennemis de mes succès, que les vils suppôts de la calomnie s'unissent et redoublent d'efforts, ils ne pourront m'arracher les jouissances pures que j'ai déjà recueillies de mon ouvrage!

CARACTERES ET COSTUMES DES ROLES.

L'*abbé de l'Épée*, fondateur de l'institution des sourds-muets, âgé de 66 ans. — Habit brun, veste, culotte et bas noirs, cheveux blancs taillés en rond, et frisant un peu vers la pointe; large calotte, col blanc; chapeau ecclésiastique. A sa première entrée des guêtres de toile grise, petits boutons noirs, les chaussures couvertes de poussière : un bâton noueux à la main. Dans le reste de la pièce, bas noirs, souliers propres et quarrés, petites boucles rondes d'argent.

Ce rôle ne doit jamais sortir d'un ton simple et patriarchal: il doit néanmoins laisser briller une pénétration à laquelle rien ne peut échapper; le génie et la bonté doivent s'y montrer tour-à-tour et s'y confondre; l'usage de la bonne société, et même les dehors de l'amabilité doivent s'y nuancer également. Une piété douce et sans affectation, une confiance sans bornes dans la providence à laquelle il attribue ses succès, et dévoue ses travaux; de la force sans audace, en présence du spoliateur de son élève, et partout une grande connoissance de la nature; telles sont les bases principales de ce personnage le plus important de la pièce.

Nota. Que ne m'est-il possible de peindre ici fidèlement le citoyen Monvel, qui offre dans ce rôle, le modèle parfait de la nature et de la vérité !

Jules, unique rejeton des comtes *d'Harancour*, sous le nom de *Théodore*, sourd-muet de naissance, âgé de 18 ans. — Redingotte noisette, non croisée, gilet blanc, culotte grise, bas à volonté, et petites bottes en forme de brodequins, cravatte de couleur, nouée lâchement, cheveux demi-poudrés, petit catogan, chapeau rond qui doit tomber en entrant en scène, afin de mettre à découvert toute l'expression de sa figure. A la première entrée, ses chaussures doivent être également couvertes de poussière.

Ce rôle exige la plus grande intelligence et la plus extrême sensibilité. Une confiance sans réserve pour son instituteur, et toujours le desir d'intéresser à son sort. Une tenue décente et modeste; le coup d'œil vif et pénétrant, toujours accompagné d'un geste qui annonce qu'il comprend ou ce qu'il voit, ou ce qu'on lui explique.

Nota. Le talent inimitable de la citoyenne Vanhove m'a déterminé à lui donner ce rôle, pour lequel elle a bien voulu renoncer au charme irrésistible de son organe; mais cela ne doit pas faire loi, attendu que le rôle peut être joué par tout jeune premier qui réunirait à une figure agréable, les moyens qu'exige ce personnage très-difficile, dans lequel il ne faut pas oublier d'employer un effet dû au génie de l'artiste qui l'a créé; c'est de saisir tous les momens où les autres personnages s'attendrissent sur ses malheurs, pour les fixer avec une béatitude et un sourire aimable qui prouve sa surdité.

Darlemont, oncle et spoliateur du jeune comte, âgé de 55 ans. — Habit de riche financier, perruque ronde et poudrée.

Ce personnage est très-important dans la pièce ; aussi malgré tout l'odieux qu'il présente, le citoyen Grand-Menil a bien voulu s'en charger, et je me fais un devoir de lui en témoigner publiquement ma reconnaissance.

Ce rôle exige beaucoup de talens, un coup d'œil sombre et rapide, beaucoup de tenue, et les dehors d'une ambition qui ne permet pas aux remords de se faire entendre.

St.-Alme, fils unique de Darlemont, compagnon d'enfance de Jules, âgé de vingt ans. — Au premier acte, frac simple, sans chapeau : dans le reste de la pièce, habit brodé de premier rôle, épée et chapeau à plumet.

Caractère bouillant, amour indomptable, sensibilité jusqu'à l'égarement. C'est en un mot, un nouveau *St.-Albin*, du *Père de famille*. Mais il faut observer que dans le quatrième acte, et presque dans tout le cinquième, l'honneur et le sort de son père doivent l'emporter sur l'amour. --- C'est une nuance que le citoyen *Damas* fait sentir avec un talent très-remarquable.

Franval, avocat célèbre de Toulouse, âgé de 50 ans. --- Au deuxième acte, robe-de-chambre de soie et mules ; culotte, veste et bas noirs; coiffé et poudré ; les cheveux longs et relevés avec un peigne. Dans le reste de la pièce, vêtement noir complet, cheveux longs, chapeau sous le bras.

Ce rôle exige la plus grande tenue. Ennemi des préjugés, mais ami des mœurs, tous ses pas, tous ses mouvemens doivent être pleins de dignité. Il porte l'amour des grands hommes jusqu'à l'enthousiasme. Il ne néglige aucun détail pour le bonheur des autres, et particulièrement de sa sœur. Le combat pénible entre son amitié pour St.-Alme, et son admiration pour l'Abbé de l'Épée, doit marquer principalement dans ce rôle, qui appartient aux premiers emplois, soit comiques, soit tragiques.

Madame Franval, mère de l'avocat et veuve d'un ancien sénéchal, âgée de soixante ans. — Robe à plis de forte étoffe; demi-bonnet, fichu respectueux.

Ce rôle doit être mêlé de noblesse et d'aigreur qui doit diminuer insensiblement, surtout au dernier acte.

Clémence, fille de Mad. *Franval* et sœur de l'avocat; dix-huit ans. — Coiffure en cheveux, vêtement blanc.

Ingénuité décente; amour dissimulé. Au cinquième acte, jeu pantomime plein d'expressions.

Dupré, ancien valet-de-chambre de la famille *d'Harancour*, complice de Darlemont, au service de qui il est; soixante ans. — Perruque blanche, et à bourse; habit, veste, culotte et bas mordorés.

De la sensibilité, de la force, et l'expression du remords. Ce rôle appartient aux seconds pères nobles.

Dubois, valet-de-chambre de Darlemont : 35 ans. — Livrée : chapeau galonné. — Premier comique.

Dominique, vieux domestique de la famille Franval; 66 ans. — Perruque blanche à bourse; habit et culotte gris de fer;

simples boutonnières d'argent; souliers quarrés, bas roulés, veste écarlate galonnée; point de chapeau.

Caractère gai, goguenard et familier; aimant à épier les amans, et à les faire endêver; de la curiosité, du bavardage pour les choses ordinaires; de la probité et de la discrétion dans les choses sérieuses.

Ce rôle est très-important dans l'ouvrage par la nuance qu'il y produit.

Marianne, veuve d'un ancien portier de l'hôtel d'Harancour: soixante ans. — Déshabillé à plis et à bottes retroussées; large bonnet, coiffure noire nouée sous le menton.

Duègne bonne et reconnaissante.

Personnages.	*Artistes.*
	Citoyens et Citoyennes.
L'ABBÉ DE L'ÉPÉE,	*Monvel.*
JULES, comte d'Harancour, connu sous le nom de *Théodore*, sourd et muet,	*Vanhove.*
DARLEMONT, oncle maternel et tuteur de *Jules*,	*Grandmenil.*
St.-ALME, fils unique de Darlemont,	*Damas.*
FRANVAL, avocat,	*Baptiste aîné.*
Mad. FRANVAL, *sa mère*,	*Suin.*
CLÉMENCE, sa sœur,	*Mézerai.* *Mars cadette.*
DUPRÉ, ancien valet-de-chambre,	*Lacave.*
DUBOIS, valet-de-chambre de Darlemont,	*Larochelle.*
DOMINIQUE, vieux domestique de la famille Franval,	*Dazincour.*
MARIANNE, veuve d'un ancien portier de l'hôtel d'Harancour,	*Lachassaigne.*

La scène se passe à Toulouse.

L'ABBÉ DE L'ÉPÉE,

COMÉDIE HISTORIQUE.

ACTE PREMIER.

Le théâtre représente une place publique de la ville de Toulouse ; sur le côté, à la gauche du spectateur, on voit la façade et l'entrée de l'ancien hôtel d'Harancour ; sur l'autre côté, et vis-à-vis, est la maison de la famille Franval.

SCENE PREMIERE.

ST.-ALME, DUBOIS.

(*St.-Alme en habit du matin, sort d'abord seul de l'hôtel; il reste immobile au milieu du théâtre, et attache ses regards sur l'une des croisées de la maison Franval*).

DUBOIS *sortant de l'hôtel, un instant après ; il est en livrée.*

QUI jamais eût pensé, monsieur, que vous fussiez déjà sorti?.... Il ne m'entend pas ; il est tout entier..... La tête n'y est plus quand on aime ; on voit tout, et l'on ne voit rien : on entend tout, et l'on n'entend rien.

A

ST.-ALME, *revenant de sa rèverie, et appercevant Dubois.*

Ah! c'est toi, Dubois?

DUBOIS.

J'avais beau vous chercher dans votre appartement.

ST.-ALME.

Que me veux-tu?

DUBOIS.

Je venais instruire monsieur de l'entretien qu'il m'avait recommandé d'avoir avec Dupré.

ST.-ALME.

L'as-tu fait expliquer sur les intentions de mon père? Lui seul est l'unique dépositaire de tous ses secrets.

DUBOIS.

Il est vrai qu'on ne vit jamais un valet-de-chambre avoir autant de communications avec son maître.

ST.-ALME.

Eh bien?

DUBOIS.

Eh bien, monsieur, j'ai exécuté vos ordres; et j'ai tout appris.

ST.-ALME, *avec vivacité.*

Mon père, sans doute....

DUBOIS.

Il est rude à manier ce bon homme Dupré.

ST.-ALME, *avec impatience.*

Que m'importe? instruis-moi seulement....

DUBOIS.

Il est avec cela d'une tristesse, d'une rèverie!...... On dirait qu'il traine après lui le souvenir d'une mauvaise action.

ST.-ALME.

Lui!... c'est le plus honnête homme!... Depuis si long-tems qu'il est au service de mon père..... Mais au fait; je te l'ordonne.

DUBOIS.

Vous saurez donc qu'hier au soir, quand tout le monde de l'hôtel fut retiré, j'entrai chez Dupré, sous le prétexte d'y prendre de la lumière; et là je fis tomber adroitement la conversation sur les vues qu'on a pour votre établissement; j'appris que vos doutes n'étaient que trop bien fondés; et que déjà monsieur votre père avait donné des ordres pour votre mariage avec la fille du président d'Argental.

ST.-ALME.

Ciel! suis-je assez malheureux!

DUBOIS.

La demoiselle n'est pas jolie; non, elle n'est pas jolie... mais elle est fille unique du premier magistrat de Toulouse, et l'héritière d'une fortune immense.

ST.-ALME.

Que me fait le rang de son père, et que me font ses richesses? Tout cela ne vaut pas un seul regard de Clémence.

DUBOIS.

Il est vrai que la jeune personne est charmante... mais si vous m'en croyez, monsieur, vous renoncerez au projet que vous avez formé de l'épouser.

ST.-ALME.

Moi, perdre l'espoir de l'obtenir!

DUBOIS.

Monsieur votre père ne consentira jamais qu'elle soit votre épouse.

ST.-ALME.

Eh pourquoi?... n'est-elle pas la fille d'un magistrat dont la mémoire est honorée? la sœur du plus célèbre avocat de Toulouse, dont j'ai le bonheur d'être l'ami? Sa mère, il est vrai, veuve depuis long-tems et sans fortune, tient son existence de son fils, et ne peut donner aucune dot à Clémence; mais en a-t-elle besoin quand la nature l'a pourvue de ses plus rares trésors?

DUBOIS.

Ces trésors-là sont bons pour vous, monsieur; mais pour monsieur Darlemont, vous savez comme il tient à la richesse.

St.-Alme.

Oh ! que je la hais cette opulence funeste qui est venue établir une distance entre Clémence et moi !... Autrefois mon père, simple négociant et dans la médiocrité, eût regardé comme un honneur insigne, de m'unir à la fille du sénéchal Franval ; mais depuis qu'il possède les biens du jeune d'Harancour dont il était l'oncle et le tuteur, son ame est livrée toute entière à l'ambition, et ne connaît plus le sentier qui conduit au vrai bonheur.

Dubois.

J'ai souvent entendu parler du jeune comte d'Harancour par les anciens domestiques de l'hôtel... N'était-il pas sourd et muet de naissance ?

St.-Alme.

Précisément ; mon père le conduisit à Paris, il y a huit ans environ, pour consulter les gens de l'art sur son infirmité ; mais soit qu'on lui eût administré des remèdes au-dessus de ses forces, ou que la nature eût trop d'efforts à faire, il y mourut dans les bras de Dupré, qui seul avait accompagné mon père.

Dubois.

Je ne m'étonne plus, si je surprends aussi souvent Dupré attaché sur le portrait de cet enfant, qui est dans le salon, parmi les tableaux de famille.

St.-Alme, *avec sensibilité.*

C'est assez naturel ; le jeune comte était l'unique rejeton d'une famille illustre, dont Dupré fut long-tems le serviteur fidèle... Mon pauvre petit Jules !... comme nous nous aimions ! je lui devais la vie. Avec quel courage il s'exposa pour moi !... jamais, non, jamais, il ne sortira de mon cœur. Il avait dix ans à-peu-près, et moi douze environ, quand on nous sépara. Je crois être encore au moment de son départ... il ne pouvait parler, le malheureux ; mais sa figure avait une expression !... Tous ses mouvemens étaient si prononcés ! il me serrait si tendrement !... on eût dit qu'il pressentait m'embrasser pour la dernière fois.... Ah ! que n'existe-t-il encore ? j'aurais un ami de plus ; et mon père, moins opulent, ne m'empêcherait pas aujourd'hui d'être l'époux de Clémence.

DUBOIS.

Monsieur, sans doute, est bien certain que la jeune personne répond à son amour?

ST.-ALME.

Tu sais bien que je vais tous les matins dans le cabinet de son frère, pour me perfectionner dans l'étude des lois; Clémence ne manque jamais de venir nous y trouver, et pour cela elle emploie mille prétextes ingénieux que l'amour seul peut inspirer... Ses regards s'arrêtent-ils sur les miens, bientôt son teint s'anime, sa respiration s'arrête par degrés...... M'adresse-t-elle la parole, aussitôt sa voix s'altère, ses lèvres frémissent; on diroit qu'elle craint de laisser échapper un secret... Si tout cela n'est pas de l'amour, à quelles preuves plus fortes, à quels indices plus certains, pourra-t-on jamais le reconnaître?

DUBOIS.

J'oserai néanmoins observer à monsieur, qu'avant de rien entreprendre, il lui faudrait l'aveu formel de celle qu'il aime, et surtout celui de sa famille.

ST.-ALME.

Je suis sûr d'avance de celui de son frère. Franval est trop pénétrant, pour ne s'être pas apperçu que j'adorais Clémence; et s'il n'approuvait pas mon penchant pour sa sœur, me prodiguerait-il tant de soins? m'accueillerait-il avec tant d'amitié? Tout ce que je redoute, c'est le caractère de sa mère.

DUBOIS.

La chère dame est un peu brusque et revêche.

ST.-ALME.

Madame Franval née d'une famille célèbre, est d'une fierté bien au-dessus encore de celle de mon père; mais son fils a tant d'empire sur elle, qu'il parviendra facilement à lever tous les obstacles, et à lui faire approuver mon amour.

(*La porte de la maison Franval s'ouvre: Dominique paraît*).

DUBOIS, *pendant que Dominique ferme la porte.*

J'apperçois leur vieux domestique; faisons-le jaser: la chose ne sera pas difficile. Tâchons surtout de nous assurer encore des sentimens de la jeune Clémence.

SCENE II.

LES PRÉCÉDENS, DOMINIQUE.

DOMINIQUE, *avec gaîté et bavardage.*

Oh ! oh ! je ne m'attendais pas à vous trouver là d'aussi bonne heure... *(A Dubois en lui serrant la main).* Bonjour, mon voisin ! (*A St.-Alme*). Il est vrai que l'air du matin rafraîchit le sang, calme les idées ; et à votre age.... (*ricanant*). Et puis comme dit le proverbe, amour et repos habitent difficilement ensemble.

DUBOIS.

Comment, que voulez-vous dire, Dominique ?

DOMINIQUE, *toujours ricanant.*

Tiens, cet autre avec sa mine hypocrite... Oh ! j'ai de bons yeux ; et malgré mes soixante ans, je me sens de force encore à défier l'amant le plus rusé de me faire perdre la piste. *(A St.-Alme qui porte toujours ses regards sur les fenêtres de la maison Franval).* Vous attendez qu'on se montre à la croisée ?... Nous n'y paraîtrons pas sitôt... Nous avons passé jusqu'à deux heures du matin à répéter sur la guittare les jolis couplets que vous fîtes sur notre convalescence ; et nous sommeillons encore, en rêvant probablement à l'auteur. Ah ! ah ! ah ! ah !

ST.-ALME.

Votre gaîté me désarme, bon Dominique, et me fait bannir toute feinte : oui, j'adore votre belle maitresse.

DUBOIS.

Et c'est précisément de cet amour-là que je voudrais guérir monsieur.

DOMINIQUE.

L'en guérir! Et pourquoi?

DUBOIS.

Vous qui avez tant d'expérience, Dominique, vous avez dû remarquer, comme moi, que mademoiselle Franval était loin de partager les sentimens qu'elle inspire à mon maître.

DOMINIQUE, *ironiquement.*

Ah! vous avez remarqué cela?

DUBOIS.

Très-distinctement; cela saute aux yeux.

DOMINIQUE, *sur le même ton.*

Eh bien, vous êtes pénétrant. Tudieu, quel gaillard pour déchiffrer les gens!

ST.-ALME.

Est-ce que vous auriez remarqué au contraire?....

DOMINIQUE.

Que ma jeune maitresse vous aime.... que dis-je, vous aimer?.... ce n'est rien, monsieur, elle ne pense plus, n'agit plus, n'existe plus que pour vous.

ST.-ALME, *avec élan.*

Comment! il se pourrait!

DUBOIS, *bas et le retenant.*

Modérez-vous, si vous voulez tout savoir.... (*haut.*) Mais, enfin, Dominique, quelles preuves avez-vous que son amour?...

DOMINIQUE.

Quelles preuves? j'en ai mille... quand ce ne serait que la maladie qui pensa nous l'enlever il y a quelques mois;... dans son transport, qui appellait-elle à chaque instant?... monsieur St.-Alme.

ST.-ALME, *avec une expression graduée.*

Elle m'appelait!

DOMINIQUE.

Quand elle parcourait la liste des personnes qui venaient s'informer de son état, à quel nom s'arrêtait-elle en rougissant?.... à celui de monsieur St.-Alme.

ST.-ALME.

Elle rougissait!...

DOMINIQUE, *imitant le ton faible d'une jeune convalescente.*

« Il est donc venu? me disait-elle avec cette voix d'ange que vous lui connaissez? --- Oui, mademoiselle. -- Souvent? -- A » toute heure. -- Et il a témoigné?..... -- Oh! l'intérêt le plus » vif, la plus tendre inquiétude»... Aussitôt je voyais tressaillir ses pauvres membres affaiblis, ses beaux yeux se mouillaient de douces larmes, et sa jolie bouche où renaissait le plus aimable sourire, laissait échapper ces mots : « Je suis mieux... » beaucoup mieux... Je sens que je reviens à la vie.... » (*ricanant.*) Ah! ah! ah!

ST.-ALME, *retenant à peine son émotion.*

Il est certain que toutes ces circonstances.....

DUBOIS, *brusquement.*

Ne sont pas suffisantes, selon moi, pour assurer à monsieur....

DOMINIQUE.

Ah! ce n'est pas suffisant?... Et cette dispute que j'eus l'autre jour avec elle.... (*riant de toutes ses forces.*) Ah! ah! ah! ah!.. je ne saurais m'empêcher d'en rire encore.

ST.-ALME.

Comment donc?...

DOMINIQUE.

J'entre, selon ma coutume, pour faire son appartement. Elle était occupée à finir un portrait en miniature; et travaillait avec tant d'intérêt, qu'elle ne fit pas plus d'attention à moi, que si j'eusse été à cent lieues de là. Moi de m'approcher bien doucement... rien n'amuse, comme d'épier les amoureux..

ST.-ALME.

Eh bien?

DOMINIQUE.

Je jette les yeux sur la peinture, et je vous reconnais.

ST.-ALME, *transporté.*

C'était moi!

DOMINIQUE.

Vous-même... « Oh! que c'est ressemblant! m'écriai-je » avec un mouvement involontaire ».. Trouves-tu, me dit-elle, effrayée et quittant brusquement l'ouvrage. — Il faudrait être aveugle, mademoiselle, pour ne pas voir que c'est là. — Qui donc ?... Eh ! parbleu, monsieur St.-Alme. — « Monsieur St.-Alme, reprit-elle embarrassée, et d'un air de dépit, » ce n'est point lui; c'est mon frère que j'ai voulu peindre » d'idée. — « Cela se peut, mademoiselle; mais sans doute » vous aurez pris l'un pour l'autre, car je vous assure que » c'est monsieur St.-Alme, trait pour trait ». — Et moi, je te » soutiens que c'est mon frère; que ce ne peut être que mon » frère »... Et là-dessus, elle cacha le portrait dans son sein, et sortit fâchée contre moi, pour la première fois de sa vie.... Ah ! ah ! ah ! ah ! ah !

ST.-ALME.

Que tous ces détails me sont chers !

DOMINIQUE.

Mais j'oublie en causant avec vous....

ST.-ALME, *le retenant.*

Un moment, bon Dominique, un moment !... Vous ne vous doutez pas du bien que vous me faites.

DOMINIQUE.

Vraiment, je le crois bien ; mais vous ne vous doutez pas aussi des commissions dont je suis accablé. C'est madame par-ci, monsieur l'avocat par-là; et par-dessus tout cela, mademoiselle... Surtout, monsieur, gardez-vous bien de lui faire soupçonner que nous ayons jasé ensemble; car elle me ferait un train !... c'est que les jeunes personnes, voyez-vous, ont une manière d'aimer, une dissimulation.... (*A Dubois en lui serrant la main*). Au revoir, habile observateur, officieux clairvoyant !... Direz-vous encore que votre maître n'est point aimé ? que vous l'avez remarqué très-distinctement ; que cela saute aux yeux ?... ah ! ah ! ah ! ah ! ah !

(*Il sort par le fond du théâtre*).

SCENE II.

St.-ALME, DUBOIS.

St.-ALME.

Eh bien, Dubois?

DUBOIS.

Eh bien, monsieur; on vous paie du plus tendre retour; rien n'est plus clair.

St.-ALME.

Et l'on voudrait m'unir à une autre que Clémence!.. jamais, non, jamais!...

DUBOIS.

En ce cas, il faut aviser promptement aux moyens d'arrêter monsieur votre père dans ses projets. Il est impérieux et violent. La crise sera forte, je vous en avertis.

St.-ALME.

C'est à toi de me seconder dans cette grande entreprise.

DUBOIS.

Voici donc mon avis... d'abord vous rendre à l'heure accoutumée chez monsieur l'avocat Franval; lui faire part de votre amour pour sa sœur, et de la résolution où vous êtes de la nommer votre épouse; déclarer ensuite vos sentimens à la jeune personne, en présence de son frère; obtenir leurs aveux; et aussitôt aller chez le président d'Argental à la fille de qui l'on veut vous unir; l'intéresser, avec ce ton que vous possédez si bien; et par-là détruire dans leur source même les intentions de monsieur votre père.

St.-ALME.

Tu as raison... oui, j'adopte ce plan... une pareille démarche est délicate sans doute; mais j'y mettrai tant de respect... tant de franchise!... le premier président est juste et sensible, il prendra part à mes peines, s'intéressera à mon amour: oh! oui, il s'y intéressera.... son hôtel est à deux pas d'ici ; va t'informer de l'heure à laquelle il pourrait m'accorder un entretien particulier ; tu reviendras m'aider ensuite à passer un habit plus décent.

DUBOIS.

Je reviens dans l'instant.

(Saint-Alme rentre dans l'hôtel ; Dubois sort par un des côtés du fond du théâtre : on apperçoit aussitôt de l'autre côté de l'Epée et Théodore).

SCENE IV.

DE L'ÉPÉE, THÉODORE.

(Ils entrent par le fond de la scène en observant de tous côtés. Théodore précède de l'Epée et s'avance dans la plus grande agitation. Ils ont les chaussures couvertes de poussière, et l'attitude de personnes qui arrivent d'un long voyage : le vieillard a un bâton noueux à la main).

THÉODORE.

(Signes exprimant qu'il reconnaît la place sur laquelle ils entrent).

DE L'ÉPÉE.

A cette émotion subite, à cette altération qui se peint dans tous ses traits, je ne puis plus douter qu'il reconnaît ces lieux.

THÉODORE, *regardant de tous côtés.*

(Signes plus expressifs encore qu'il reconnaît la place).

DE L'ÉPÉE.

Serais-je enfin parvenu au terme de mes longues et pénibles recherches ?

THÉODORE.

(Il fixe l'hôtel d'Harancour, avance plusieurs pas vers la porte, jette un cri, et revient suffoqué dans les bras de de l'Epée).

DE L'ÉPÉE.

Quel cri perçant !... il respire à peine... je ne le vis jamais dans une pareille agitation...

THÉODORE.

(*Signes rapides annonçant qu'il reconnait la maison de ses pères* (1).

DE L'ÉPÉE, *désignant l'hôtel.*

Oui, c'est là qu'il reçut la vie... séjour qui nous vis naître, lieux chéris où s'écoula notre enfance, jamais vous ne perdez vos droits ; nul homme sur la terre qui ne tressaille en vous revoyant.

THÉODORE.

(*Signes exprimant sa reconnaissance à de l'Epée, dont il baise les mains*).

DE L'ÉPÉE.

(*Signes que ce n'est point lui qu'il faut remercier ; mais Dieu seul qui a dirigé leurs travaux. Théodore met aussitôt un genou en terre, et exprime, par son jeu pantomime, qu'il demande au ciel de répandre ses bénédictions sur son bienfaiteur. De l'Epée, incliné et la tête nue, adresse au ciel le couplet suivant*).

O toi qui conduis à ton gré les projets des mortels, toi, par qui je fus inspiré dans cette grande entreprise, Dieu tout-puissant, reçois ici les actions de grace d'un vieillard que tu protégeas sans cesse, et de cet orphelin dont tu m'as fait le second père !... si j'ai rempli dignement tous mes devoirs, si mon dévouement et mes travaux ont quelques droits à ta justice ; daigne en réunir tout le prix sur cet infortuné ; fais que dans son bonheur je trouve ma récompense !

(*Ils se relèvent et tombent dans les bras l'un de l'autre*).

Informons-nous maintenant à qui appartient cet hôtel.... (*Signes à Théodore qui veut entrer dans l'hôtel et qu'il retient*) (2).

---

(1) Entasser ses mains l'une sur l'autre, et les unir les doigts tendus, en forme de toit, désigner ensuite de la main droite la taille d'un enfant. d'environ deux pieds.

(2) Exprimer par un jeu pantomime, un jeune homme qui se présente, et qu'on chasse, sans vouloir l'entendre. Théodore exprime à son tour qu'il comprend de l'Epée et qu'il se rend à ses avis.

SCENE V.

LES PRECEDENS, DUBOIS *rentrant par le côté du fond du théâtre par lequel il était sorti.*

DE L'ÉPÉE, *à part.*

Voici quelqu'un qui pourra peut-être m'instruire..... (*A Dubois, après avoir fait signe à Théodore de s'observer.*) Pourriez-vous me dire comment on nomme cette place?

DUBOIS, *les examinant.*

Ces messieurs, à ce qu'il me paraît, sont étrangers?..... Vous êtes sur la place Saint-Georges.

DE L'ÉPÉE.

Je vous suis obligé..... (*retenant Dubois qui s'éloigne.*) Encore un mot, je vous prie; connaissez-vous ce grand hôtel?....

DUBOIS, *les examinant plus sérieusement.*

Si je le connais? j'y demeure depuis cinq ans.

DE L'ÉPÉE.

Je ne pouvais mieux m'adresser.... Vous l'appelez?...

DUBOIS.

C'est l'ancien hôtel d'Harancour.

DE L'ÉPÉE, *d'un ton marqué.*

L'hôtel d'Harancour!

DUBOIS.

Aujourd'hui à monsieur Darlemont au service de qui je suis.

THÉODORE.

(*Il va, pendant ce monologue, fixer de nouveau l'hôtel, et s'appuie contre la porte avec joie et attendrissement*).

DE L'ÉPÉE.

Et quel est ce monsieur Darlemont?

DUBOIS.

(*A part.*) Voilà bien des questions... (*Haut.*) Ce qu'il est?...

DE L'ÉPÉE.

Oui, son rang, sa profession?

DUBOIS.

Sa profession?... Je ne lui en connais aucune, si ce n'est d'être un des plus riches habitans de Toulouse; mais on m'attend; et vous trouverez bon.....

DE L'ÉPÉE.

Je serais fâché de vous détourner un instant de vos occupations.

DUBOIS, *à part, et en s'en allant.*

Ils sont bien curieux, ces étrangers. (*Il rentre dans l'hôtel*).

DE L'ÉPÉE, *le suivant des yeux.*

Il est loin de deviner le motif qui me porte à lui faire ces questions.... Ne perdons pas un seul instant; et d'abord gagnons une auberge sûre..... Cet hôtel, dont le nom sans doute est celui d'une ancienne famille de cette grande cité, ce Darlemont qui s'en trouve aujourd'hui possesseur, tout cela doit être connu dans Toulouse; prenons bien tous les renseignemens: (*pressant dans ses bras Théodore qui revient à lui avec curiosité*) si Théodore appartient à des parens sensibles, sans doute ils pleurent encore sa perte: que j'aurais de plaisir à le remettre dans leurs bras!... S'il fut la victime des méchans, fais, ô Providence, que je puisse les démasquer et les confondre, afin de prouver aux hommes qu'il n'est aucun crime que tu ne dévoiles tôt ou tard, et que rien n'échappe à ta justice éternelle!

(*Il sort par le fond du théâtre et emmène Théodore, à qui il fait des signes, et qui regarde, en s'en allant, l'hôtel à plusieurs reprises. La toile baisse*).

FIN DU PREMIER ACTE.

ACTE SECOND.

Le théatre représente l'intérieur du cabinet de Franval; sur le côté de la scène, à la gauche du spectateur, on voit un bureau de travail, sur lequel est un vase de fleurs; çà et là sont des livres, des cartons et des dossiers.

SCENE PREMIERE.

FRANVAL, *seul.*

(*Il est en robe-de-chambre et en mules, assis devant son bureau, et tient à la main plusieurs papiers*).

Cette affaire dont on m'a fait le seul arbitre, ne peut sortir un instant de ma pensée... Il n'en est point de plus importante pour la société, de plus honorable pour ma profession : il s'agit de réunir deux époux divisés..... On n'en voit que trop, hélas!..... O mon siècle! ô mon pays! je m'éleverai contre cet abus destructeur qui vous avilit et vous perd; je fouillerai jusqu'au fond de l'abime pour en montrer toute la profondeur; et si l'égoïsme et la fausse philosophie s'élèvent contre moi, j'aurai pour les combattre, les mœurs en deuil et la nature outragée; j'aurai le spectacle douloureux de mille et mille enfans abandonnés, et le cri patriarchal de tous les chefs de famille.

SCENE II.

FRANVAL, CLÉMENCE : *elle est vêtue simplement, mais avec goût; et porte à la main une corbeille d'ozier remplie de fleurs.*

CLÉMENCE.

Bonjour, mon frère!

FRANVAL.

Bonjour, Clémence! (*Ils s'embrassent*).

CLÉMENCE.

Je viens renouveler les fleurs de votre bureau de travail. (*Elle ôte les fleurs qui sont dans le vase, et y substitue celles qu'elle porte dans la corbeille*).

FRANVAL.

Comment? ne serais-je pas bien inspiré? chaque matin des fleurs nouvelles, et un baiser de mon aimable sœur... (*Souriant*). Je connais un jeune légiste à qui cette récette serait au moins aussi profitable qu'à moi,

CLÉMENCE, *avec trouble.*

Qui donc, mon frère?

FRANVAL.

Qui!.... Ne rougis donc pas comme cela. (*Il se lève, la prend par la main, et la mène sur le devant de la scène, en la regardant fixement*). Clémence?

CLÉMENCE, *baissant les yeux.*

Mon frère!

FRANVAL.

Ces fleurs me sont bien chères... Vos baisers bien doux... Mais tout cela n'aurait plus de charmes pour moi, si vous n'y ajoutiez pas encore.....

CLÉMENCE.

Quoi donc?

FRANVAL.

FRANVAL.

Votre confiance........ Va, ton ame est trop pure pour qu'on n'y lise pas aisément....

CLÉMENCE.

N'achevez pas.

FRANVAL.

Et pourquoi te défendre d'un sentiment aussi légitime? St.-Alme ne réunit-il pas tout ce qui rend digne d'être aimé?

CLÉMENCE, *avec un abandon gradué.*

C'est ce que j'ai cru remarquer.

FRANVAL.

Je ne parlerai point de sa figure...

CLÉMENCE.

Comme elle est expressive!

FRANVAL.

De son maintien....

CLÉMENCE.

Qu'il est noble et décent!

FRANVAL.

Je ne m'arrêterai que sur ses qualités.... Quel caractère plus franc, plus aimable que le sien? Quel mortel offrit jamais pour une épouse le plus sûr présage du bonheur?

CLÉMENCE.

C'est ce que je me suis dit souvent.

FRANVAL.

En un mot, il t'aime....

CLÉMENCE.

Vous croyez?.....

FRANVAL.

Tu ne t'en es pas apperçue?

CLÉMENCE.

J'ai craint de me tromper.

FRANVAL.

Tu avoues donc qu'il t'est cher?

CLÉMENCE.

Ah! mon frère! mon frère! vous m'avez arraché mon secret.

(*Elle se jette dans son sein*).

SCENE III.

LES PRÉCÉDENS, ST.-ALME *richement vêtu.*

ST.-ALME, *à Franval, à qui il serre la main.*

Bonjour, mon ami!.... (*A Clémence avec beaucoup d'émotion*). Mademoiselle, je vous salue !....

FRANVAL, *avec gaîté.*

Comme il est paré dès le matin ! Cette toilette annonce de grands projets.

ST.-ALME, *avec altération.*

Il n'en fut jamais de plus importans pour moi.

FRANVAL, *sérieusement.*

Qu'avez-vous donc ?

CLÉMENCE.

Vous paraissez troublé.

ST.-ALME.

Qui ne le serait pas à ma place? Vous me voyez au désespoir.

CLÉMENCE.

Ciel!

ST.-ALME, *à Franval.*

Mon ami, je n'eus jamais autant besoin de vous.

FRANVAL.

Expliquez-vous, St.-Alme.

CLÉMENCE.

Je vous gêne, peut-être... (*Elle veut sortir*).

St.-Alme, *la retenant.*

Non, non, restez; de grace, restez... Je viens d'avoir avec mon père une scène!

FRANVAL.

Comment donc?

St.-Alme.

Elles retentissent encore au fond de mon cœur, les menaces terribles dont il vient de m'accabler. Et cela pourquoi? parce que je ne puis satisfaire son ambition... S'il ne fallait pour cela que mon sang, que ma vie, je les lui donnerais sans peine; mais renoncer pour jamais à ce qu'on aime, oublier ses premières affections!... (*Emotion de Clémence qui baisse les yeux*). Parens cruels, qui voulez asservir à votre gré nos penchans, avez-vous reçu ce droit de la nature; et ne sommes-nous vos enfans, que pour devenir vos victimes?

FRANVAL.

Calmez-vous, mon ami; et achevez de m'instruire.

St.-Alme.

C'est au sujet de ce mariage que je redoutais, et dont je vous ai parlé plusieurs fois... Mon père vient de me signifier qu'il entendait que sous trois jours, tout fût terminé... « Sous » trois jours! ai-je répondu; » jamais, non jamais... A ces mots qui me sont échappés avec force, mon père est entré dans un emportement que mes excuses ni mes prières n'ont pu calmer... Enfin, pressé de m'expliquer, espérant que le nom de celle que j'adore, le désarmerait; j'ai avoué que mon cœur avait fait un choix, et j'ai nommé Clémence...

CLÉMENCE.

Qui, moi?

St.-Alme, *tombant à ses genoux.*

Il ne m'est plus possible de vous le taire; c'est vous... oui, vous seule que j'aime; que j'aimerai toute ma vie; et si vous daignez approuver ....

CLÉMENCE, *avec le plus grand trouble et relevant St.-Alme.*

Sur cet aveu, qu'a répondu monsieur votre père?

ST.-ALME.

« Elle est belle, a-t-il dit, d'un ton confus et embarrassé ; » oui, elle est digne de votre choix... mais j'ai disposé de » vous, il faut l'oublier... » — Il m'est impossible : — et je serrais ses mains contre mon cœur. — « Impossible ! a-t-il repris d'une voix terrible ; et donnant alors tout l'essor à sa colère, il m'a fait les reproches les plus déchirans, m'a menacé de sa malédiction ; m'a ordonné de fuir pour jamais sa présence... A cet ordre affreux mon sang a bouillonné ; ma tête s'est égarée : j'ai craint de n'en être plus le maître ; et pour supporter l'idée d'être banni du sein d'un père, je suis venu me réfugier dans celui de mon ami.

FRANVAL, *le pressant dans ses bras.*

Oui, votre ami qui se fera un devoir de vous aider de ses conseils... Le premier que je vous donne, St.-Alme, c'est de modérer cette sensibilité qui vous égare ; et de ne pas oublier qu'un père est respectable.... jusque dans ses erreurs.

ST.-ALME.

Il a cru m'intimider par ses menaces ; elles n'ont fait que m'attacher davantage au penchant qui m'entraîne. Jamais je ne me suis senti plus d'amour ; jamais Clémence ne me parut plus belle ; et si vous consentez tous les deux...

FRANVAL.

Il m'eût été bien doux, sans doute, de vous voir l'époux de ma sœur, de pouvoir confondre les noms de frère et d'ami... Clémence elle-même...

CLÉMENCE.

Mon frère !...

FRANVAL.

Et pourquoi lui refuser un aveu qui seul peut adoucir ses chagrins ?.... Oui, St.-Alme, quels que soient vos sentimens pour Clémence, ils ne sont que l'échange de ceux que vous lui avez inspirés.

ST.-ALME.

Il est donc vrai !... je suis aimé !... *(à Clémence.)* Ah ! pour croire à tant de bonheur, j'ai besoin d'entendre Clémence me le confirmer encore.

CLÉMENCE.

Puisque mon frère a tout avoué.... il ne m'est plus possible de le taire; oui, vous m'êtes cher! oh, bien cher!... mais pourquoi vous révéler le secret de mon cœur, lorsque monsieur votre père s'oppose....

ST.-ALME, *avec ivresse.*

Je saurai l'adoucir, dompter malgré lui son inflexibilité; rien n'est impossible à qui peut se dire : « Clémence m'aime... ah! si tantôt avant cet aveu, je résistais au courroux d'un père; avec quelle force ne le ferai-je pas maintenant?... Je ne répondrai que cela à toutes ses observations, à tous ses emportemens : « Clémence m'aime, mon père; Clémence m'aime!... mais j'oublie que je dois me rendre chez le président d'Argental.... Il peut plus que personne me seconder dans mes projets.... je l'attendrirai... je pénétrerai dans son cœur... Eh! qui pourrait ne pas s'intéresser à celui, qui comme moi, peut dire : Clémencem'aime!... (*Il lui baise les mains à plusieurs reprises, et sort avec précipitation*).

SCENE IV.

FRANVAL, CLÉMENCE.

FRANVAL.

Que va-t-il faire chez le premier président, et quel est son dessein?

CLÉMENCE.

Je crains bien que son extrême vivacité ne lui fasse commettre quelqu'imprudence.

SCENE V.

LES PRÉCÉDENS, DOMINIQUE, *plusieurs gros livres sous le bras.*

DOMINIQUE.

Madame votre mère fait demander si l'on déjeunera aujourd'hui dans votre cabinet.

FRANVAL.

Volontiers.

CLÉMENCE.

Vous ne l'avez pas encore vue de la matinée, mon frère ; vous savez comme elle tient à tous ces égards-là.

FRANVAL.

J'ai eu tant d'occupation !... je vais la chercher dans son appartement, et lui donner le bras pour descendre.

CLÉMENCE.

Et moi je cours préparer le déjeuner.

(Ils sortent tous les deux.)

SCENE VI.

DOMINIQUE, *seul, après avoir déposé les livres sur le bureau.*

Ouf!... Si je n'ai pas fait ce matin deux lieues dans Toulouse, je ne m'appelle pas Dominique.... Voyons un peu si je me suis acquitté de toutes mes commissions, *(Il tire de sa poche un petit agenda.)* car madame ne manquerait pas de dire : « Ah ! bon dieu, que ce vieux garçon-là est fatigant ! Il n'a pas plus de mémoire !... *(Il lit.)* « Aller d'abord chez la

»présidente d'Arbancas, et le prieur de St.-Marc... les inviter »de la part de madame.... j'ai fait tout cela.... delà passer »chez le libraire de monsieur, prendre les livres...... les voici, (*Il désigne les livres qu'il a mis sur le bureau.*) « revenir de là »chez l'huissier Prestolet, lui dire qu'il ait à cesser ses pour- »suites contre les incendiés du faubourg, et qu'ils sont prêts à »payer les six cents livres en question... Je gage que c'est mon- sieur l'avocat qui fournit en secret cette somme, pour sauver cette malheureuse famille... (*Lisant encore.*) « Descendre en- »suite rue St.-Laurent et remettre deux louis de la part de »mademoiselle, à la veuve de l'ancien portier de l'hôtel d'Ha- »rancour »... La pauvre chère femme comme elle a béni made- moiselle!.... il est vrai qu'elle prévient tous ses besoins, et cela avec une discrétion, une délicatesse!... Mais on vient, dépêchons-nous.

(*Il va chercher une petite table ronde à dessus de marbre, qui est au fond du théâtre, et l'approche sur le devant de la scène.*)

SCENE VII.

DOMINIQUE, FRANVAL, Mad. FRANVAL, CLÉMENCE. *Dominique va chercher un plateau sur lequel sont plusieurs vases et tout ce qui compose un déjeuner; il le dépose sur la petite table.*

Mad. FRANVAL, *s'appuie sur le bras de son fils.*

Oui, mon fils, il est peu de familles dans Toulouse qui soient d'un nom plus ancien que le vôtre.... J'espère que vous vous en montrerez toujours digne, quoique vous ne soyez qu'un avocat.

FRANVAL.

Cette profession, ma mère, ne peut qu'honorer celui qui l'exerce... quel qu'il soit.

Ils se rangent assis autour de la table: Clémence sert le déjeuner).

Mad. FRANVAL.

Il m'est affreux, je ne puis vous le dissimuler, de ne pas vous voir sénéchal et succéder à vos ancêtres; mais des malheurs et l'injustice des hommes m'ont forcée de vendre cette charge à la mort de votre père.

FRANVAL.

Et cela m'a fait acquérir par quelques talens une considération que je n'eusse obtenue que des préjugés et du hazard.

Mad. FRANVAL.

Je sais bien que vous tenez un des premiers rangs dans le barreau; mais c'est toujours déroger, mon fils; c'est toujours déroger.

DOMINIQUE, *apportant une corbeille de fruits et des petits pains qu'il met sur la table.*

(*à Mad. Franval.*) Voici une lettre que le valet-de-chambre de M. Darlemont vient de me remettre pour madame.

FRANVAL, *d'un ton marqué.*

De M. Darlemont!

Mad. FRANVAL, *ouvrant la lettre.*

Que me veut cet homme-là? (*Elle prend ses conserves et lit.*) « Madame, permettez-moi de m'adresser à vous-même, » pour revendiquer les droits les plus sacrés »... que veut-il dire?... (*à Dominique.*) laissez-nous. (*Dominique sort.*) (*Elle reprend*) « pour revendiquer les droits les plus sacrés.... mon fils aime mademoiselle votre fille, et s'en dit aimé. (*Mouvement de Clémence sur qui madame Franval jette un regard sévère*).

FRANVAL.

Ma mère, continuez, je vous prie.

Mad. FRANVAL, *continuant de lire.*

« Quel que soit le penchant de mon fils, quelque légitime » que puisse être le choix, qu'il a fait de mademoiselle Fran- » val, leur union ne saurait avoir lieu »... (*avec véhémence*) non, sans doute, elle n'aura jamais lieu.

CLÉMENCE, *à part.*

Que je souffre !

FRANVAL.

De grace, achevez.

Mad. FRANVAL, *achevant de lire.*

» J'espère donc, madame, que vous cesserez de lui donner
» accès dans votre maison; et que vous ne l'aiderez plus à
» braver les droits et l'autorité d'un père. — « *Darlemont* »
» — ... » que vous ne l'aiderez plus !... jamais on ne poussa aussi loin l'irrévérence et l'audace.

FRANVAL.

Ma mère, calmez-vous.

Mad. FRANVAL.

Eh qui lui a dit à ce petit négociant devenu grand seigneur que je cherchais à m'allier avec lui ? a-t-il oublié que malgré toutes ses richesses, il est entre nous une disproportion de naissance... J'ose croire, mon fils, que d'après un pareil outrage, vous ne recevrez plus ici le jeune St.-Alme ; et quant à son père... si jamais...

SCENE VIII.

LES PRÉCÉDENS, DOMINIQUE.

DOMINIQUE.

Monsieur, il y a là un étranger qui voudrait vous parler.

FRANVAL.

Un étranger ?

DOMINIQUE.

C'est un vieillard à cheveux blancs.... comme qui dirait un vieux pasteur.

FRANVAL.

Faites entrer.

(*Dominique sort*).

SCENE IX.

FRANVAL, MAD. FRANVAL, CLÉMENCE.

(*Franval se lève et roule la petite table sur un des côtés du Théâtre*).

Mad. FRANVAL, *toujours assise et relisant la lettre avec colère*.

« Leur union ne saurait avoir lieu...

CLÉMENCE, *bas à Franval*.

O mon frère! il n'est plus de bonheur pour moi!

SCENE X.

LES PRÉCÉDENS, DOMINIQUE, DE L'ÉPÉE.

DOMINIQUE, *introduisant de l'Epée*.

Entrez, monsieur, entrez.

DE L'ÉPÉE. *Il salue en entrant Mad. Franval et Clémence qui lui rendent son salut*.

(*A Franval qui s'avance au-devant de lui*). C'est à M. Franval que j'ai l'honneur de parler?

FRANVAL.

Oui, monsieur.

DE L'ÉPÉE.

Vous serait-il possible de m'accorder quelques momens d'entretien?

FRANVAL.

Bien volontiers. (*Dominique sort*). Pourrais-je savoir qui j'ai l'honneur de recevoir chez moi?

DE L'ÉPÉE.

Je suis de Paris; et me nomme *de l'Epée*.

FRANVAL.

De l'Épée!.... le fondateur de l'institution des sourds et muets?

DE L'ÉPÉE.

C'est moi-même.

FRANVAL.

Ma mère!.... ma sœur!.... vous voyez un des hommes qui honorent le plus notre siècle.

(*Mad. Franval et Clémence se lèvent, et font à de l'Epée le salut le plus respectueux*).

DE L'ÉPÉE, *avec modestie.*

Monsieur....

FRANVAL.

Je lis souvent les résultats miraculeux de votre école; et j'éprouve à chaque fois une surprise, une admiration..... Croyez que personne ne porte plus d'intérêt que moi à vos travaux, plus de respect à votre nom.

DE L'ÉPÉE.

Je vois que j'ai bien fait de m'adresser à vous.

FRANVAL.

Qui peut donc me procurer le bonheur de vous voir?

DE L'ÉPÉE.

Votre réputation, monsieur... Vous avez aussi la vôtre... J'aurais à vous communiquer une affaire de la plus haute importance.

Mad. FRANVAL.

Retirons-nous, ma fille, et laissons ces messieurs...

DE L'ÉPÉE.

Ce que j'ai à révéler ici ne saurait être trop connu; j'ai besoin surtout d'intéresser les ames sensibles; si ces dames veulent m'entendre....

Mad. FRANVAL, *avec un motif de curiosité.*

Puisque vous le permettez...

CLÉMENCE, *à part et fixant de l'Epée.*

Quel ton paternel, et quel air vénérable !

FRANVAL, *offrant un fauteuil à de l'Epée.*

Asseyez-vous, je vous prie.

DE L'ÉPÉE

Il s'assied entre Mad. Franval et son fils : Clémence s'assied auprès de sa mère.

Voici le sujet qui m'amène... Je serai un peu long, peut-être ; mais je ne dois rien négliger pour arriver au but que je me propose.

FRANVAL, *avec empressement.*

Nous vous écoutons.

DE L'ÉPÉE.

Il y a huit ans, environ, c'était vers la fin de l'automne ; un officier de police amena chez moi, à Paris, un jeune sourd-muet de naissance que le guet avait trouvé sur le Pont-Neuf, à l'entrée de la nuit. J'examinai cet enfant : il me parut âgé de neuf à dix ans, et d'une figure intéressante. Des vêtemens grossiers qui le couvraient, me firent croire d'abord qu'il appartenait à l'indigence ; et je promis de m'en charger... Le lendemain l'ayant examiné de plus près, je remarquai de la fierté dans ses regards, de la surprise de se trouver sous des haillons ; et je ne doutai plus que ce ne fût un enfant déguisé qu'on avait égaré à dessein. Je le fis annoncer dans les papiers publics ; j'y donnai son signalement, et tous les renseignemens nécessaires, mais vainement ; les infortunés ne sont pas ceux qu'on s'empresse de réclamer.

FRANVAL.

A quels excès se porte souvent la perversité des hommes !

DE L'ÉPÉE.

Voyant que mes recherches étaient inutiles ; convaincu que cet enfant était victime de quelqu'intrigue secrette, je ne songeai plus qu'à puiser des renseignemens dans lui-même ; je lui donnai le nom adoptif de Théodore, et le mis au nombre de mes élèves, parmi lesquels il ne tarda pas à se distinguer ; il confirma si bien mes espérances, qu'au bout de trois ans, il ouvrit son ame à la nature, et se trouva créé une seconde fois. Mille souvenirs alors vinrent frapper son imagination. Je lui parlais par signes aussi prompts que la pensée; et il me répondait de même... Un jour que nous passions dans Paris, devant le palais de justice, il vit descendre un magistrat de sa voiture, et tressaillit. Je lui demandai d'où provenait ce mouvement involontaire. Il me fit entendre qu'un homme vêtu de même de pourpre et d'hermine, l'avait souvent pressé dans ses bras et mouillé de ses larmes... Je jugeai par ce premier indice, qu'il était ou le fils, ou le proche parent d'un magistrat; que ce magistrat, d'après son costume, ne pouvait appartenir qu'à un siège supérieur; en conséquence que la patrie de mon élève était une ville capitale..... Un autre jour, en parcourant ensemble le faubourg Saint-Germain, nous vîmes passer le convoi d'une personne de qualité. Je remarquai sur la figure de Théodore une altération qui augmentait à mesure que défilait le cortège. Au moment où il apperçut le cercueil, il tressaillit encore et se jeta dans mon sein.... « Qu'avez-vous? lui demandai-je. — C'est que » je me rappelle, me dit-il par signes, que peu de tems avant » d'être amené à Paris, j'ai suivi de même en manteau noir » et les cheveux épars, le cercueil de ce magistrat qui m'a- » vait tant caressé; tout le monde pleurait, et je pleurais » aussi ». — J'augurai de ce second indice qu'il était orphelin, héritier d'une grande fortune qui sans doute avait excité des parens avides à profiter de l'infirmité de ce malheureux, pour envahir ses biens, l'expatrier et le perdre à jamais....... Ces découvertes importantes me firent redoubler de zèle et de courage. Théodore devenait chaque jour plus intéressant; et je conçus le projet de le réintégrer dans ses foyers. Mais comment les découvrir? L'infortuné jamais n'avait entendu prononcer le nom de son père; il ignorait et le lieu qui l'avait vu naître, et la famille à laquelle il appartenait.... Je lui demandai s'il se rappelait bien l'instant où il avait vu Paris pour la première fois; il m'assura qu'il était sans cesse présent à sa mémoire; et qu'il voyait encore la barrière par laquelle on l'y fit entrer. Dès le lendemain nous voilà par courant toutes les barrières de Paris. En approchant de celle d'Enfer, mon élève me fait signe qu'il la reconnaît; que c'est là où l'on vint visiter leur voiture; que c'est ici qu'il en descendit avec deux personnes qui l'accompagnaient, et dont il se rappelait parfaitement la figure.... Ces nouveaux indices m'assurèrent qu'il était arrivé par la route du sud; et sur ce qu'il m'ajouta avoir passé plusieurs nuits dans le voyage, et surtout avoir changé de chevaux d'heure en heure, je calculai le tems, l'espace; et ne doutai plus que la patrie de Théodore était une des principales villes du midi de la France.

FRANVAL.

Oh! qu'il est vaste et pénétrant le génie que dirige l'amour de l'humanité!... Achevez.... achevez....

DE L'ÉPÉE.

Après avoir fait par écrit mille perquisitions inutiles dans toutes les cités méridionales, je résolus de les parcourir moi-même, avec Théodore, alors trop plein de souvenirs, pour ne pas reconnaître aisément le lieu de sa naissance. L'entreprise était longue et pénible; pour en obtenir quelque succès, il fallait voyager à pied; je suis vieux; mais le ciel m'inspirait. Malgré mon âge et quelques infirmités, je quittai Paris il y a soixante-six jours: seul avec mon élève, je sortis par la barrière d'enfer qu'il reconnut encore; et là après nous être embrassés, nous invoquâmes l'éternel et nous marchâmes sous ses auspices. Nous avons parcouru successivement plusieurs villes considérables; Théodore emporté par le désir de retrouver ses foyers, me conduisait souvent dans des lieux qu'il ne reconnaissait plus.... Mes forces commençaient à s'épuiser, et l'espoir semblait m'abandonner pour jamais; lorsque ce matin nous arrivons aux portes de Toulouse.

FRANVAL, *avec avidité.*

Eh bien?

(Clémence se lève, s'approche de de l'Epée, et s'appuie sur le dos du fauteuil de sa mère.)

DE L'EPÉE.

En entrant dans cette ville, Théodore me saisit la main, et me fait signe qu'il la reconnaît; nous avançons; à chaque pas, sa figure s'anime, ses yeux se remplissent de larmes. Nous traversons le cours; tout-à-coup il se prosterne, les mains vers le ciel, se relève, et m'annonce qu'il a retrouvé sa patrie. Ivre de joie, comme lui, j'oublie les fatigues du voyage; nous parcourons plusieurs quartiers, et en apperçevant ce grand hôtel qui est en face de votre demeure, Theodore jette un cri, tombe presque suffoqué dans mes bras, et me désigne la maison de ses pères.... Je prends des informations; j'apprends que c'est l'ancien hôtel des comtes Harancour, dont mon élève est l'unique rejeton; que cet hôtel et tous ses autres biens sont entre les mains d'un monsieur Darlemont, son tuteur et son oncle maternel, qui s'en est fait envoyer en possession sur un extrait de mort dont tout annonce la fausseté.... Je demande alors quel est l'avocat de cette ville qui puisse me diriger dans cette affaire importante, vous m'êtes indiqué comme le plus célèbre; et je viens, monsieur, vous confier ce que j'ai de plus cher, le fruit de huit années de travail et le sort de mon cher Théodore. Dieu l'avait déposé dans mon sein pour achever de le créer; je le dépose en ce moment dans le vôtre, pour lui faire restituer ce qu'il y a de plus précieux pour l'homme, un nom légitime et respectable et les droits imprescriptibles que lui assurent la nature et les loix.

FRANVAL, *avec tout le feu de l'enthousiasme et du sentiment; il se lève ainsi que sa mère.*

Comptez sur tous mes soins; comptez sur tout le zèle qu'inspire la confiance d'un homme tel que vous. Oh! si jamais je fus heureux et fier de ma profession, c'est bien en ce moment!... Non, vous ne concevrez jamais l'ivresse où je suis de pouvoir vous être utile. (*Il veut baiser les mains de de l'Epée qui lui tend les bras; il s'y précipite aussitôt*).

DE L'EPÉE, *avec beaucoup d'émotion, et serrant les mains de Franval.*

Je suis bien sûr de vous... Je vois couler vos pleurs.

Mad. FRANVAL, *avec dignité.*

Qui ne serait pas ému, monsieur, par le récit que vous venez de faire?

CLÉMENCE, *dans la plus vive agitation.*

Vous avez pénétré jusqu'au fond de nos cœurs.

FRANVAL.

Il est pénible pour moi de trouver un coupable dans le père de mon ami; et d'avance je demande qu'il me soit permis d'employer auprès de Darlemont, tout ce que pourront me dicter la prudence et la délicatesse; après quoi je démasquerai sans pitié le faussaire, et lui ferai restituer, au nom des lois, tous les biens qu'il possède, et dont il ne sera plus à mes yeux, que le vil usurpateur.

Mad. FRANVAL.

Qu'il me tarde de voir ce Darlemont redescendre dans la médiocrité d'où il était sorti!

CLÉMENCE, *à part.*

Il me tarde bien plus encore d'y voir aussi son fils.

FRANVAL, *à de l'Epée.*

Mais où donc avez-vous laissé votre cher Théodore?

DE L'ÉPÉE.

A une auberge, où sans doute il m'attend avec impatience.

FRANVAL.

Eh! pourquoi ne l'avoir pas amené avec vous?

CLÉMENCE.

Que j'aurais de plaisir à le voir!

DE L'ÉPÉE.

Un sourd et muet porte toujours avec lui quelque chose de pénible; et j'ai craint que sa présence...

FRANVAL.

Ne diminuât l'intérêt qu'il inspire!

DE L'ÉPÉE, *serrant une main de Franval*

On n'est pas sûr de rencontrer toujours des cœurs comme les vôtres.

FRANVAL.

Il faut nous l'amener: je veux le voir et le connaître. J'ose même exiger plus: ce jeune homme ne saurait rester seul. Il nous

nous faudra faire ensemble bien des démarches. sans lui ; acceptez un appartement chez moi ; jamais je n'aurai mieux connu les charmes de l'hospitali é.

DE L'ÉPÉE.

Vous êtes trop obligeant ; je craindrais...

Mad. FRANVAL, *toujours avec dignité.*

Vous ne pouvez, monsieur, que nous faire honneur et plaisir.

CLÉMENCE, *du ton le plus caressant.*

Après un voyage aussi long, vous devez avoir grand besoin de repos ; vous ne trouverez nulle part les soins que... que nous prendrons de vous.

DE L'ÉPÉE.

J'avoue que je n'ai pas la force de résister à de pareilles instances : je retourne auprès de mon élève, et reviens aussitôt vous le présenter.

FRANVAL.

Moi pendant ce tems-là, je vais songer aux préliminaires de nos opérations. Elles seront difficiles, je ne puis vous le dissimuler. Faire annuller des actes authentiques, arracher une fortune considérable des mains d'un usurpateur ambitieux et puissant ; le convaincre de faux ; tout cela demande les plus grandes précautions.

DE L'ÉPÉE.

Je me repose entièrement sur vos talens et sur votre prudence. Quel que soit le résultat de cette grande entreprise, avoir fait mon devoir sera ma consolation. (*serrant les mains de Franval.*) Et vous avoir connu, monsieur, sera ma récompense.

(*Il sort ; Franval, sa mère et sa sœur le reconduisent et disparaissent*).

FIN DU SECOND ACTE.

ACTE TROISIÈME.

La décoration est la même qu'au second acte.

SCENE PREMIERE.

CLÉMENCE, DOMINIQUE.

DOMINIQUE.

Non, mademoiselle, non; M. St.-Alme n'est pas rentré chez lui.

CLÉMENCE.

Quel fâcheux contre-tems! Jamais sa présence ne fut ici plus nécessaire.

DOMINIQUE, *souriant malicieusement.*

Il viendra; soyez sûre qu'il viendra. S'il eût su être attendu avec autant d'impatience, il se serait bien gardé de s'absenter ainsi. Il recherche trop les momens qu'il peut passer auprès de vous, pour que....

CLÉMENCE, *avec vivacité.*

Dites-moi, Dominique; avez-vous fait ma commission auprès de Marianne?

DOMINIQUE.

Je ne me pardonnerais pas de l'avoir oubliée.

CLÉMENCE.

Elle a sans doute accepté?...

DOMINIQUE.

J'entre; elle était à son rouet. --- « Bonjour, bonne » mère ». Votre servante, M. Dominique: Comment se porte » ma belle et bonne » ....? Car c'est toujours ainsi qu'elle

vous appelle. --- « Fort bien, Marianne; et vous? --- Oh!
» moi, cahin, caha! mon rhumatisme me tourmente toujours; et pourtant il faut agir pour gagner cette pauvre
» vie. --- Tenez, lui dis-je, voilà de quoi vous y aider ».
» Comment, un double louis! --- C'est de la part de mademoiselle.---Je la reconnais bien là, s'écrie-t-elle... et aussitôt de baiser la pièce d'or à plusieurs reprises; de prier le ciel pour votre bonheur, votre conservation... Oh! je crois bien que la journée ne se passera pas, sans qu'elle ne vienne ici vous témoigner sa reconnaissance.

CLÉMENCE.

Cette bonne Marianne!...... qu'il m'est doux de pouvoir lui offrir quelques secours! Je n'oublierai jamais les soins qu'elle m'a prodigués pendant ma maladie..... Si elle venait, Dominique, vous aurez le soin de ne la faire parler qu'à moi seule; entendez-vous?

DOMINIQUE.

Soyez tranquille.... La pauvre chère femme!..... quelle différence lorsqu'elle avait son mari portier de l'hôtel d'Harancour! Rien ne leur manquait alors; mais M. Darlemont les a chassés sans pitié, ainsi que tous ceux qui avaient servi feu monsieur le président son beau-frère. Le malheureux portier en est mort de chagrin; et je connais plusieurs de ses anciens camarades qui, sans les secours de M. St.-Alme....

CLÉMENCE.

Il est certain que ce jeune homme semble s'être imposé le devoir de réparer tous les torts de son père.

DOMINIQUE.

Autant l'un est dur, altier et taciturne, autant l'autre est franc, simple et généreux...... Oh! il sera bon maître celui-là..... Excellent chef de famille... (*Fixant Clémence en souriant*). Et surtout bon mari.... (*Clémence baisse les yeux et pousse un soupir*). Ne pensez-vous pas comme moi, mademoiselle?

CLÉMENCE, *avec trouble et embarras.*

Oui..... je crois que celle..... qui pourra fixer le choix de ce jeune homme....

DOMINIQUE, *avec mystère et gaîté.*

C'est déjà fait.

CLÉMENCE.

Tout de bon?

DOMINIQUE.

J'en suis sûr.

CLÉMENCE.

Effectivement, j'ai entendu dire qu'il devait épouser la fille du premier président.

DOMINIQUE.

Je l'ai entendu dire aussi..... Mais ce mariage-là ne se fera pas.

CLÉMENCE.

Vous croyez?

DOMINIQUE.

Nous aimons ailleurs.

CLÉMENCE.

Ah! ah!

DOMINIQUE.

Oui, nous préférons le bonheur à la richesse : chacun a son goût.... Et pour cela nous avons choisi en secret une jeune personne charmante....

CLÉMENCE, *vivement.*

Avez-vous préparé la chambre que l'on destine aux deux étrangers?

DOMINIQUE.

Non, pas encore.

CLÉMENCE.

Mais allez donc, Dominique; ils vont arriver dans l'instant.

DOMINIQUE.

Eh bien, j'y vais; j'y vais. (*à part en s'en allant*). Je ne pourrai jamais la faire convenir qu'elle aime... Non, je ne pourrai jamais l'en faire convenir. (*Il sort en ricanant*).

SCENE II.

CLÉMENCE, *seule.*

Ce vieux domestique prend un plaisir à me tourmenter!.. Je me sentais rougir à chaque mot, et commençais à éprouver un trouble qu'il m'eût été impossible de cacher plus longtems.... mais ne songeons qu'à la découverte importante de ce respectable de l'Epée; et livrons-nous à tout l'espoir qu'elle me donne. Si M. Darlemont restituait les biens qu'il possède, il n'existerait plus de distance entre son fils et moi; et l'amour que n'enchaînerait plus l'orgueil ambitieux, l'amour alors reprendrait son empire....... Mais puis-je espérer que ma mère offensée... la voici qui s'avance.

SCENE III.

CLÉMENCE, Mad. FRANVAL, FRANVAL, *en habit noir et cheveux longs.*

Mad. FRANVAL.

Pourquoi donc hésitez-vous de livrer cet usurpateur à la vengeance des loix? ménager le crime, mon fils, c'est s'en rendre complice.

FRANVAL.

Puis-je oublier que Darlemont est le père de mon ami! (*à Clémence.*) Dominique a-t-il été avertir St.-Alme de se rendre ici?

CLÉMENCE.

Oui, mon frère; mais votre ami n'était pas encore de retour.

Mad. FRANVAL, *elle s'assied.*

Je ne puis vous le cacher, mon fils; d'après la lettre de tantôt, il me répugne tout-à-fait de recevoir ici ce jeune homme.

FRANVAL.

Devons-nous le rendre responsable des fautes de son père?

CLÉMENCE.

Loin de les partager, ma mère, il ne s'occupe, je vous assure, qu'à les adoucir, à les faire oublier.

Mad. FRANVAL, *avec véhémence.*

Pour moi je n'oublierai jamais la lettre qu'il a eu l'audace de m'écrire.

FRANVAL.

S'il ne s'agissait que du coupable Darlemont, je déchirerais sans ménagement le voile imposteur dont il se couvre; mais tel est l'abus des préjugés qui nous asservissent, que je ne puis démasquer ce faussaire, sans faire réjaillir le deshonneur qu'il mérite sur son fils innocent.

CLÉMENCE, *avec une chaleur graduée.*

Oh oui; bien innocent! combien de fois en notre présence, a-t-il gémi sur la perte de son cousin? que de larmes!....... vraiment touchantes n'a-t-il pas données devant nous, au souvenir du compagnon de son enfance? On ne peut réunir plus de franchise et de délicatesse; on ne porte pas un cœur plus généreux et plus sensible.... (*Un regard sévère de madame Franval l'arrête et lui fait changer de ton.*) N'est-il pas vrai, mon frère?

FRANVAL, *avec embarras et fixant sa mère.*

Il ne faut que voir un instant St.-Alme.... pour remarquer en lui.... Mais voici nos deux hôtes.

(*Mad. Franval se lève.*)

SCENE IV.

LES PRÉCÉDENS, DE L'ÉPÉE, THÉODORE.

DE L'ÉPÉE, *introduisant Théodore.*

Voilà mon Théodore, mon enfant adoptif que j'ai l'honneur de vous présenter.

THÉODORE.

(Il salue tout le monde : après avoir promené ses regards sur Franval et Mad. Franval, il les fixe sur Clémence.)

CLÉMENCE.

L'intéressante figure?

Mad. FRANVAL, *s'approchant et l'examinant.*

C'est le portrait vivant de feu son père.

DE L'ÉPÉE, *d'un ton marqué.*

Vous trouvez, madame?

Mad. FRANVAL.

Je crois en honneur voir le président d'Harancour.

THÉODORE.

(Il porte ses regards sur Franval qu'il fixe long-tems et qu'il paraît étudier.)

FRANVAL.

On lit sur son front l'empreinte du sentiment, et je ne sais quoi d'imposant qui annonce les heureux effets du génie de son maître.

THÉODORE.

(Après avoir fixé Franval, il fait plusieurs signes à de l'Epée.) (1).

---

(1) Porter la main droite au front, l'y fixer un moment avec l'expression du génie : lancer ensuite le bras droit en avant avec force et dignité.

FRANVAL.

Que veut-il exprimer par ces signes?

DE L'ÉPÉE.

Il me dit, monsieur, qu'il lit sur votre figure la certitude de triompher dans sa cause, et de confondre son oppresseur.

FRANVAL, *avec élan.*

Oui, je lui en fais la promesse.... et je la remplirai. (*Il l'embrasse.*)

THÉODORE.

(*Après avoir porté avec douleur la main à sa bouche et à ses deux oreilles, il prend une des mains de Franval, la pose d'une main sur son cœur, et de l'autre frappe vivement et à plusieurs reprises sur celle de Franval.*)

FRANVAL.

Que vous dit-il encore?

DE L'ÉPÉE, *expliquant chaque signe de Théodore.*

« Qu'il ne peut vous exprimer sa reconnaissance....... mais » que vous devez sentir au battement de son cœur..... que » déja votre nom s'y grave pour jamais.... ce sont ses propres expressions.

FRANVAL, *avec surprise et sensibilité.*

Ses propres expressions!.... Eh quoi! vous vous entendez donc au point de comprendre tout ce qu'il veut exprimer?

DE L'ÉPÉE.

Absolument tout.

Mad. FRANVAL.

Et il vous comprend de même?

THÉODORE.

(*Il arrête de nouveau ses regards sur Clémence.*)

DE L'ÉPÉE.

Sans doute; c'est par ce moyen que je suis parvenu à orner son esprit et à former son cœur.

CLÉMENCE.

C'est singulier comme ses regards s'attachent sur moi.

DE L'ÉPÉE.

N'en soyez pas surprise, mademoiselle; tout ce qui lui présente l'image du vrai beau, le frappe et fixe ses idées.... La nature pour dédommager ces infortunés des torts qu'elle eut envers eux, leur a donné une délicatesse d'instinct, une rapidité dans l'imagination... Aussi leur intelligence une fois développée, va bien plus loin que la nôtre: Je compte parmi mes élèves des mathématiciens profonds, des historiens, des littérateurs distingués. Celui que vous voyez ici, remporta, l'hiver dernier, un prix de poésie, et fut couronné dans un lycée fameux, au grand étonnement de tous ses concurrens.

FRANVAL.

Je me rappelle, en effet, que les papiers publics annoncèrent ce phénomène, et consignèrent votre nom à l'immortalité.

CLÉMENCE.

Comment il se peut que cet intéressant jeune homme, quoique privé de la parole et de l'ouie, entend tout, exprime tout....

DE L'ÉPÉE.

Et réponde à l'instant même aux questions que vous voudrez lui faire. Je vais vous en donner l'expérience. (*Il fait plusieurs signes à Théodore*). (1)

THÉODORE.

(*Après avoir fait sentir qu'il comprend les signes de de l'Epée; il va s'asseoir devant le bureau de Franval, prend une plume et se dispose à écrire*).

DE L'ÉPÉE, *à Clémence.*

Faites-lui telle demande qu'il vous plaira; il va l'écrire à la vue de mes signes; et aussitôt y ajoutera sa réponse... Il vous attend.

---

(1) Frapper d'abord sur l'épaule de Théodore pour commander son attention: porter les doigts alongés de la main droite au front; les y laisser un instant: désigner ensuite Clémence avec l'index, et feindre d'écrire plusieurs ligues sur la main gauche.

CLÉMENCE, *avec timidité.*

Je ne sais quelle question...

DE L'ÉPÉE.

La première chose qui vous viendra dans l'idée...

CLÉMENCE, *après avoir rêvé un instant.*

« Quel est selon vous, en France, le plus grand homme « vivant » ?

DE L'ÉPÉE.

La question est délicate... Veuillez la recommencer et prononcer lentement, comme si vous lui dictiez vous-même. *(Théodore exprime par son jeu qu'il comprend les signes que lui fait de l'Epée, et écrit à chaque fois qu'il les émet).*

CLÉMENCE.

Quel est... (*Premiers signes de de L'épée à Théodore*) (1) selon vous, en France... (*seconds signes*) (2) le plus grand homme vivant? (*troisièmes signes*) (3).

DE L'ÉPÉE, *prenant le papier sur lequel Théodore a écrit; et le présentant à Franval.*

Voüs voyez d'abord qu'il a écrit la question avec fidélité.

FRANVAL, *examinant le papier.*

Et surtout avec une correction !...

(*De l'Epée remet le papier devant Théodore qui est immobile et rêveur*).

---

(1) Jeter les deux mains en avant, les doigts tendus, les ongles vers la terre : décrire ensuite avec l'index de la main droite un demi-cercle du flanc droit au flanc gauche.

(2) Porter les doigts de la main droite au front, les y fixer un instant : désigner Théodore de l'index de la main droite; élever ensuite les deux mains au-dessus de la tête, et désigner tout ce qui environne.

(3) Elever la main droite à trois reprises, puis les deux mains le plus haut possible; les descendre ensuite sur chaque épaule et les faire passer sur les deux seins, jusqu'à la ceinture; exprimer la vie, en respirant une seule fois avec force, et en serrant tour-à-tour chaque poignet à l'endroit où bat l'artère.

Nota. *Il faut que ces signes soient très-distincts, mais prompts et de manière à ne point retarder la marche de la scène.*

CLÉMENCE.

Il a l'air embarrassé.

DE L'ÉPÉE.

On le serait à moins, mademoiselle. Le choix que vous lui prescrivez est difficile à faire.

THÉODORE.

(*Il sort de sa rêverie; s'anime par degrés, et écrit*)

FRANVAL, *suivant tous les mouvemens de Théodore.*

Quel feu brille dans ses regards!... Quelle vivacité dans tous ses mouvemens!... Il paraît à la fois ému et satisfait.... Je serais bien trompé, si sa réponse ne portait pas l'empreinte d'une ame sensible et d'un esprit éclairé.

THÉODORE.

(*Il se lève et vient remettre le papier à Clémence, en lui faisant signe de le lire. Franval et sa mère s'approchent avec avidité. Théodore se tient auprès de de l'Epée qu'il fixe avec curiosité*).

CLÉMENCE, *elle lit.*

« *Demande.*

« Quel est, selon vous, en France, le plus grand homme vivant?

» *Réponse.*

» La nature nomme *Buffon*; la science indique *Dalembert*;
» le sentiment et la vérité réclament *Jean-Jacques Rousseau*;
» l'esprit et le goût désignent *Voltaire*... Mais le génie et l'hu-
» manité proclament *de l'Epée* : je le préfère à tous les
» autres ».

THÉODORE

(*Après avoir fait plusieurs signes* (1), *se jette dans le sein de de l'Epée qui le presse dans ses bras*).

---

(1) Exprimer une balance en levant et baissant tour-à-tour chaque main; élever ensuite la main droite le plus haut possible, et désigner de l'Epée avec l'index de cette même main.

DE L'ÉPÉE, *avec une émotion qu'il s'efforce de réprimer.*

Il faut lui pardonner cette erreur... c'est l'enthousiasme de la reconnaissance. (*Il embrasse de nouveau Théodore*).

FRANVAL, *prenant des mains de Clémence le papier qu'il examine encore.*

Je ne puis revenir de mon étonnement.

Mad. FRANVAL.

Il faut être témoin d'un pareil miracle, pour y ajouter foi.

CLÉMENCE.

On ne peut se défendre d'une émotion qui va jusques aux larmes.

FRANVAL.

Cette réponse prouve une pureté de goût, annonce une étendue de connaissances!... (*à de l'Epée*) Que de recherches, de calculs et de soins il vous a fallu, pour arriver à ces grands résultats!

DE L'ÉPÉE.

Dire ce qu'il m'en a coûté, est impossible... mais cette idée de recréer une ame... (*Il désigne Théodore*) cette sublime idée donne tant de force et de courage!... Si le cultivateur laborieux en voyant les riches moissons qui couvrent les champs qu'il a défrichés, éprouve une jouissance proportionnée à sa peine, jugez de ce que je dois ressentir, lorsqu'au milieu de mes élèves, je vois ces infortunés, percer peu-à-peu l'ombre qui les environne; s'animer aux premiers rayons de l'intelligence suprême; arriver par degrés au bonheur inexprimable de se connaître, de se communiquer leurs idées, et former autour de moi une famille intéressante, dont je suis l'heureux père... Il est des plaisirs plus brillans; il en est de plus faciles; mais je doute que dans la nature entière il en soit de plus vrais.

FRANVAL.

Croyez aussi que de tous les grands hommes que vient de classer avec tant de justesse, votre intéressant Théodore; il n'en est aucun dont le souvenir vive dans la postérité plus long-tems que le vôtre. Si la France éleva des statues aux héros qui par leurs exploits contribuèrent à sa gloire, pourra-t-elle en refuser une à celui qui, par son génie créateur, par des travaux sans relâche, par une patience incalculable, est devenu le réparateur d'un oubli de la nature?

SCENE V.

LES PRÉCÉDENS, DOMINIQUE, MARIANNE.

DOMINIQUE, *à Marianne encore dans la coulisse.*

Mais quand je vous dis, bonne Marianne, que vous ne pouvez pas lui parler.

MARIANNE, *entrant sur la scène et restant à moitié du théâtre.*

M'empêcher de la voir, de la presser contre mon cœur!... vous n'y parviendrez pas, M. Dominique.

DOMINIQUE, *bas à Clémence.*

Il m'a été impossible de l'empêcher d'entrer.

THÉODORE.

(*Il jette un regard sur Marianne et parait frappé de souvenirs*).

MARIANNE, *avec bavardage et sensibilité.*

(*à Mad. Franval.*) Excusez, madame, si je prends la liberté... (*à Franval*) monsieur, je suis fâchée de vous interrompre; mais quand le cœur est plein, il faut absolument... cette bonne et belle mademoiselle Clémence!.... daigner sans cesse s'occuper de moi; prévenir mes besoins et m'envoyer...

CLÉMENCE, *l'interrompant.*

Ce n'est rien, ma chère Marianne; cela ne mérite pas....

MARIANNE.

Comment ce n'est rien!...

Mad. FRANVAL.

Expliquez-moi donc, ma fille, ce que tout cela signifie?

THÉODORE.

(*Il suit tous les mouvemens de Marianne, dans la plus vive agitation et fait des signes* (1) *à de l'Epée qui les suit avec la démonstration de l'étonnement et de la joie*).

MARIANNE.

Sa modestie l'empêche de répondre; mais je vais parler, moi... Vous saurez donc, madame, que depuis la maladie de cette chère et belle enfant, elle n'a pas cessé de m'envoyer des vêtemens, des provisions; enfin ce matin encore, par monsieur Dominique, un double louis... il m'a mis à même de soulager à mon tour une pauvre voisine... (*saisissant une main de Clémence et la baisant*) Qu'il est doux pour Marianne de vous devoir tout cela.

DE L'ÉPÉE, *courant à Marianne.*

Bonne femme? bonne femme?

MARIANNE, *avec respect et étonnement.*

Monsieur...

DE L'ÉPÉE.

N'avez-vous pas demeuré long-tems à l'hôtel d'Harancour?

MARIANNE.

Feu mon mari y fut portier trente-cinq ans.

DE L'ÉPÉE.

Vous rappelez-vous d'y avoir vu le petit Jules, sourd et muet de naissance?

MARIANNE.

Si je me le rappelle?... je l'ai tant de fois porté sur mes

(1) Exprimer quelqu'un qui sonne à une porte, une portière qui ouvre et désigner Marianne.

bras !... sa mort nous a coûté trop cher, pour que jamais je l'oublie.

DE L'ÉPÉE.

(*La conduisant en face de Théodore, qui fixe Marianne avec la plus grande altération*).

Eh bien, regardez... regardez ce jeune homme.

MARIANNE, *fixant Théodore de très-près.*

Que vois-je ?... eh mais...

FRANVAL.

Fixez-le bien.

THÉODORE.

(*Après avoir écarté les cheveux qui couvrent sa figure qu'il présente à Marianne, il lui fait signe qu'elle l'a porté tout petit sur ses bras*).

MARIANNE.

C'est lui !... lui que nous aimions tant ! que nous avons tant pleuré ! . . . oui, oh ! oui, je le reconnais. (*Elle tombe aux pieds de Théodore qui la relève aussitôt et la presse dans ses bras*).

DOMINIQUE.

Et moi qui m'obstinais à l'empêcher d'entrer.

DE L'ÉPÉE.

Précieuse et singulière découverte !

FRANVAL.

Qui nous conduira, l'on n'en peut douter, à des preuves importantes.

Mde. FRANVAL.

Et confondra l'insolent Darlemont..... Je suis dans une joie !...

CLÉMENCE, *avec ivresse.*

Celle que j'éprouve est encore au-dessus ! j'assiste en secret une infortunée ; et par-là je procure le premier témoin...... O céleste bienfaisance !

MARIANNE.

Ah ! si mon pauvre mari vivait encore !.... Mais comment

se peut-il que ce cher enfant qu'on a dit mort, se retrouve en cette ville? par quel coup du ciel que je ne puis comprendre?....

DE L'ÉPÉE.

Vous saurez tout, bonne mère.... mais dites-moi, êtes-vous assez convaincue que ce soit là Jules d'Harancour, pour l'attester en justice?

MARIANNE.

Je le soutiendrai devant Dieu et devant les hommes.

FRANVAL, *à Marianne.*

Ne pourriez-vous pas nous procurer le témoignage de quelques anciens domestiques, qui, comme vous, auraient connu le jeune comte dans son enfance?

MARIANNE.

Sans doute, la veuve du cocher existe encore.

DOMINIQUE.

Pierre, l'ancien palefrenier vint me voir l'autre jour avec sa femme; ils ne demeurent pas loin d'ici.

Mde. FRANVAL, *vivement.*

Il faut les aller chercher tous; et à l'instant.

DOMINIQUE.

J'y cours.

FRANVAL, *arrêtant Dominique.*

Un moment... (*à de l'Epée*) Je vous ai déjà dit que l'amitié qui m'unit à St.-Alme, m'imposait le devoir d'agir avec ménagement; je vous propose donc de nous présenter d'abord à l'hôtel d'Harancour. Là, nous attaquerons Darlemont, vous avec l'arme irrésistible d'un interprète de la nature; moi avec le langage des lois, avec toute la force qu'inspire une cause aussi belle; et cet homme, quelqu'audacieux qu'il soit, sera bien habile, s'il résiste à nos efforts.

DE L'ÉPÉE.

J'adopte votre plan et j'imagine un moyen qui pourra nous en assurer le succès.

(*Il s'éloigne avec Théodore à qui il explique par signes le parti qu'on vient de prendre*).

FRANVAL

FRANVAL, *aux autres.*

Je vous recommande à tous de garder le plus profond silence sur ce qui vient de se passer.

MARIANNE.

Je vous le promets.

DOMINIQUE.

Soyez tranquille.

(*Ils regagnent tous les trois de l'Epée et Théodore*).

Mde. FRANVAL.

Pour moi je ne m'engage à rien.

CLÉMENCE, *lui donnant le bras.*

Mais ma mère....

Mde. FRANVAL, *avec aigreur et s'en allant.*

Mais, ma fille, vous direz tout ce qu'il vous plaira; je ne saurais m'empêcher de crier tout haut contre ce Darlemont. C'est un ambitieux qu'il faut punir; c'est un insolent qu'il faut humilier....

(*Elle rejoint les autres personnages au fond du théâtre, et la toile tombe*).

FIN DU TROISIÈME ACTE.

ACTE QUATRIÈME.

Le théâtre représente l'intérieur d'un salon de l'hôtel d'Harancour ; ameublement riche et somptueux ; sur le côté, à la gauche du spectateur, est une porte qui conduit dans le cabinet de Darlemont.

SCENE PREMIERE.

DARLEMONT, DUPRÉ, DUBOIS. *Ils entrent par la porte latérale, Dupré paraît le dernier, il a l'air sombre et préoccupé.*

DARLEMONT, *à Dubois.*

Vous dites que mon fils n'est pas encore rentré ?

DUBOIS.

Non, monsieur.

DARLEMONT.

Et qu'il vous a défendu de le suivre ?

DUBOIS.

Oui, monsieur.

DARLEMONT.

Serait-il retourné dans la maison Franval ?

DUBOIS.

Il n'y a pas d'apparence : monsieur l'avocat vient tout-à-l'heure encore de l'envoyer demander.

DARLEMONT, *à Dubois.*

Allez attendre St.-Alme chez le portier ; dès qu'il entrera, vous lui direz de se rendre auprès de moi sur-le-champ . . . Entendez-vous, sur-le-champ. (*Dubois sort par la porte du fond*).

SCENE II.

DARLEMONT, DUPRÉ.

DARLEMONT.

Eh bien, Dupré, que me veux-tu ?

DUPRÉ, *tirant une bourse de sa poche, et la déposant sur une table.*

Je viens, monsieur, vous rendre ces vingt-cinq louis que vous m'avez fait remettre ce matin.

DARLEMONT.

Me les rendre ! Et pourquoi ? . . . C'est le montant des six premiers mois de la rente viagère que je t'assurai l'autre jour, en récompense de tes services ; je veux que chaque terme t'en soit exactement payé d'avance.

DUPRÉ.

Reprenez cet or, vous dis-je . . . . Il m'est impossible de recevoir le prix d'une action dont le souvenir pesera toujours sur mon cœur.

DARLEMONT, *avec humeur.*

Tu n'oublieras donc jamais ce rejeton des d'Harancour ?

DUPRÉ.

Il est sans cesse présent à ma pensée . . . Je vois encore les derniers regards qu'il jeta sur moi, quand vous m'en séparâtes.

DARLEMONT, *brusquement.*

Je ne pouvais supporter la vue de ce sourd et muet, de ce fatigant automate.

DUPRÉ.

Cependant vous avouerez avec moi que tout annonçait en lui d'heureuses dispositions et surtout un bon cœur. Tout petit, quand il venait avec moi à la promenade, il ne rencontrait jamais un pauvre, sans me faire signe de l'assister; il n'avait pas de plus grand plaisir, que de partager avec les autres tout ce qu'il possédait... Et ce jour, où seul il sauva la vie de monsieur votre fils dont l'étourderie et la vivacité... Monsieur St.-Alme excite à coups de pierres un gros chien de ferme qui fond sur lui et le terrasse : Jules effrayé du danger qui menace son cousin, s'élance, plus prompt que l'éclair, sur l'animal furieux; et reçoit au bras droit une large blessure dont la cicatrice lui restera toute la vie.

DARLEMONT.

Tu ne cesses de me rappeler cette aventure.

DUPRÉ.

C'est qu'elle prouve que le jeune comte avait autant de courage que de bonté.... Eh! qui la connut mieux que moi, cette bonté touchante? moi l'ancien valet-de-chambre de son père, moi à qui l'on avait confié son enfance? et j'ai pu l'abandonner! j'ai pu céder à vos sollicitations et devenir votre complice!

DARLEMONT, *avec emportement.*

Dupré!...

DUPRÉ, *avec chaleur.*

Oui, monsieur, votre complice.... Quand on a ravi le repos de l'ame à un vieux serviteur qui vécut cinquante ans sans reproche, on doit écouter ses plaintes et respecter sa douleur.

DARLEMONT, *retenant un grand mouvement de colère.*

Que j'ai de peine à me contraindre!.... (*à Dupré.*) Mon cher Dupré, l'excès de ta sensibilité t'égare tout-à-fait; voudrais-tu donc après huit années entières révéler le mystère important que j'ai confié à ta discretion?...

DUPRÉ.

A quoi cela me servirait-il? où trouver maintenant l'infortuné?... Je vous ai promis le secret sur tout ce qui s'est passé entre nous, et je vous tiendrai parole; mais c'est à condition, monsieur, que vous ne me parlerez jamais de cette pension funeste avec laquelle vous avez cru me séduire; j'ai bien assez de mes remords, sans les aggraver encore par un salaire déshonorant, (*Mouvement de Darlemont.*) oui, monsieur, déshonorant.

(*Il sort par la porte latérale.*)

SCENE III.

DARLEMONT, *seul.*

La douleur de ce vieillard m'inquiète et me tourmente... qu'elle est cruelle cette nécessité de dépendre d'un temoin de nos actions secrètes!... mais qu'ai-je à craindre? transporté tout-à-coup à cent soixante lieues de ses foyers, perdu avec adresse au milieu de Paris, Jules sans doute aura été conduit dans quelque maison de piété publique; peut-être même n'existe-t-il déjà plus;.... en tous cas, quels indices pourrait donner un sourd et muet de naissance, orphelin, et que personne ne réclame?.... cependant si Dupré venait à divulguer.... je ne saurais trop ménager ce vieillard; il faut absolument me rapprocher de lui, dompter ma fierté, mon caractère, et surtout ne pas le perdre de vue un seul instant... O fortune, fortune, que tu me fais supporter d'humiliations? et qu'il m'en coûte cher pour m'assurer ta jouissance!

SCENE IV.

DARLEMONT, St.-ALME. *Il entre par la porte latérale.*

St.-ALME.

On m'a dit que vous me demandiez, mon père?

DARLEMONT.

Oui, je veux avoir encore avec vous un entretien; ce sera le dernier, je vous en avertis, si vous ne vous rendez sans retour aux volontés d'un père... Mais dites-moi, St.-Alme, qu'êtes-vous devenu toute la matinée?

ST.-ALME, *avec épanchement.*

Mon père.... comme je méconnais l'art de feindre..... je vous avouerai franchement que j'arrive de chez le président Dargental.

DARLEMONT, *avec trouble.*

Et qu'alliez-vous y faire sans moi?

ST.-ALME.

Lui ouvrir mon ame toute entière.... l'instruire moi-même de mon amour pour mademoiselle Franval.

DARLEMONT, *avec véhémence.*

Vous avez eu la témérité....

ST.-ALME.

Je sais que cette démarche est contraire à vos volontés et qu'elle a droit de vous surprendre.... mais jugez de la force du penchant qui m'entraîne, puisqu'elle m'a fait supporter l'idée de vous déplaire.

DARLEMONT, *avec une rage concentrée.*

Et que vous a répondu.... le premier président?

ST.-ALME, *avec confiance et abandon.*

O mon père, quelle ame grande et généreuse!...... Ah! je l'avais bien jugé.

DARLEMONT, *retenant toujours sa colère avec effort.*

Que vous a-t-il dit? répondez.

ST.-ALME.

Voici ses propres mots :... « Il eût été doux pour mon cœur...
» consolant pour ma vieillesse de vous unir à ma fille; mais le
» choix que vous avez fait de mademoiselle Franval, m'inter-
» dit tout reproche....

DARLEMONT, *donnant peu-à-peu l'essor à sa colère.*

Comment!

ST.-ALME, *continuant.*

« Les liens qui attachent à un être aussi parfait, doivent « être indissolubles ».

DARLEMONT, *avec explosion.*

Indissolubles!

ST.-ALME.

Ce récit, je le vois, allume votre colère.

DARLEMONT.

Achevez.... achevez.

ST.-ALME, *hésitant et dans le plus grand trouble.*

Enfin, il m'a assuré que loin d'être blessé de ma démarche, il en approuvait les motifs, en appréciait la franchise......... (*Mouvement convulsif de Darlemont*). Il m'a promis d'employer tout son crédit auprès de vous, pour vous faire consentir...... (*Autre mouvement de Darlemont*). Et je ne doute pas que bientôt il ne vienne ici lui-même vous implorer pour moi.

DARLEMONT.

Et tu as pu croire que je céderais à ses sollicitations, que je serais le jouet de ton audace?....

ST.-ALME.

Mon père....

DARLEMONT.

Jamais mortel fut-il plus malheureux que moi!... Je deviens possesseur... (*hésitant.*) d'un héritage considérable; je veux l'employer à procurer à mon fils unique une alliance enviée par les premières familles de la province; et quand je suis parvenu à lever tous les obstacles, à vaincre, à force d'or, les préjugés et les distances, je ne trouve plus qu'un ingrat qui se joue de mes bontés, qui dédaigne à la fois une fortune incalculable et le premier rang de la magistrature.

ST.-ALME.

Que me font les grandeurs et les richesses? être l'époux de Clémence, voilà l'unique titre que j'ambitionne; son estime et son cœur, sont les seuls trésors dont je puisse être jaloux.

DARLEMONT.

Insensé, qui rejettes ainsi l'opulence, tu ne sais pas ce qu'il en coûte pour se la procurer.... (*Le saisissant par le bras et l'amenant sur le devant du théâtre.*) non, non; tu ne sais pas ce qu'il en coûte.

ST.-ALME.

Ah! quels que soient les sacrifices que vous ait coûtés votre fortune, ils ne peuvent se comparer à ceux que vous exigez de moi.... non seulement j'aime... j'adore.. mais je puis maintenant vous le confier.... je suis aimé.

DARLEMONT.

Qui vous en a donné l'assurance?

ST.-ALME.

Clémence.... elle-même.....

DARLEMONT.

Pouvez-vous préférer aux avantages que je vous propose, les aveux intéressés d'une fille sans fortune.... des séductions tramées avec adresse?

ST.-ALME.

Mon père!... Vous pouvez déchirer ce cœur trop confiant et trop sensible, vous pouvez tout tenter pour m'arracher mon amour; mais épargnez-moi la douleur d'entendre outrager ce que j'aime... Un pareil effort est au-dessus de ma raison... Oui, Clémence m'a fixé pour toujours; mais ce fut sans artifice ainsi que sans dessein; ses attraits enchanteurs, ses vertus assemblage plus parfait encore; le sang respectable dont elle est sortie.... Voilà toutes les trames, toute l'adresse de cette fille adorable; voilà toutes les séductions qu'elle exerça sur votre fils.

DARLEMONT, *avec un mouvement d'embarras et de confusion.*

Pour la dernière fois, écoutez les ordres d'un père.... Il faut renoncer à mademoiselle Franval.

ST.-ALME.

Plutôt cent fois la mort!

DARLEMONT, *avec douceur.*

Il y va de mon repos.

ST.-ALME.

Il y va de ma vie.

DARLEMONT, *avec plus de douceur encore.*

Cède à mes vœux?

ST.-ALME.

Je suis aimé!

DARLEMONT, *le serrant dans ses bras.*

St.-Alme, je t'en conjure!

ST.-ALME, *du ton le plus tendre, et baisant les mains de Darlemont.*

Je suis aimé, mon père... je suis aimé.

DARLEMONT, *le repoussant avec fureur.*

C'en est assez... sortez!... (*St.-Alme lui baise encore ses mains*) sortez!...

(*St.-Alme, après un jeu pantomime entre lui et Darlemont, sort par la porte latérale*).

SCENE V.

DARLEMONT, *seul.*

(*Après un moment de silence et de stupeur.*) Je ne pourrai jamais dompter cet amour violent, cette sensibilité dévorante... son alliance avec la fille unique du président Dargental, eût égalé mon crédit à ma richesse, et m'eût mis pour jamais à l'abri de toute inquiétude... mon attente la plus chère, mon unique ambition, tout est donc évanoui!

SCENE VI.

DARLEMONT, DUBOIS.

DUBOIS, *il entre par la porte du fond.*

Monsieur l'avocat Franval fait demander à monsieur un entretien particulier.

DARLEMONT, *brusquement.*

L'avocat Franval !

DUBOIS.

Oui, monsieur.

DARLEMONT, *après un instant de réflexion.*

Dites que je ne suis pas visible.

(*Dubois sort*).

SCENE VII.

DARLEMONT, *seul.*

Il venait me presser de son côté, m'entretenir de sa sœur et du mariage qu'il projette avec mon fils ; c'est entr'eux tous un plan concerté, que je saurai renverser sans retour. Ces légistes à grande réputation, s'imaginent rivaliser tous les rangs, toutes les fortunes. Je suis bien aise de rabattre l'orgueil de celui-ci, et de lui faire connaître...

SCENE VIII.

DARLEMONT, DUBOIS.

DUBOIS, *rentrant.*

Monsieur l'avocat Franval me renvoie annoncer à monsieur qu'il est accompagné de monsieur... l'Abbé de l'Epée, instituteur des sourds et muets à Paris.

DARLEMONT, *frappé.*

L'Abbé de l'Epée !

DUBOIS.

Et qu'ils ont à communiquer à monsieur des choses de la plus grande importance.

DARLEMONT, *à part avec le plus grand trouble.*

Quels pressentimens! ... il semble que tout se réunisse... on dirait que le destin prend plaisir à me tourmenter.

DUBOIS.

Quels sont les ordres de monsieur?

DARLEMONT, *paraissant s'armer de résolution.*

Eh bien !... faites entrer.

(*Dubois sort*).

SCENE IX.

DARLEMONT, *seul, parcourant le théâtre dans la plus grande agitation.*

Mes doutes sont trop cruels; il faut les éclaircir... qui peut attirer ici cet homme célèbre?... pourquoi s'adresse-t-il à moi, et veut-il m'entretenir?... se pourrait-il qu'au bout de huit années... qu'après tant de précautions et de soins? . . . . je ne pourrai donc jamais trouver un instant de repos!... on vient: remettons-nous, et tâchons par une attitude ferme et imposante, de dissiper jusqu'au moindre soupçon.

SCENE X

DARLEMONT, DE L'ÉPÉE, FRANVAL, DUBOIS.

(*Dubois les introduit, et après avoir avancé des sièges, il sort à un geste que lui fait Darlemont.*

DE L'ÉPÉE, *à Darlemont.*

Monsieur, je vous salue!

DARLEMONT, *après leur avoir rendu à tous les deux leur salut et les avoir fait asseoir avec lui; il doit être placé entre eux deux.*

Vous desirez, m'a-t-on dit, m'entretenir en particulier?... puis-je savoir quel motif?...

FRANVAL, *avec calme et dignité.*

L'intérêt que je dois au père de St.-Alme; l'obligation de remplir un grand acte de justice; voilà ce qui nous conduit ici tous les deux.

DARLEMONT.

Expliquez-vous.

DE L'ÉPÉE, *l'étudiant.*

Je vais vous causer une grande surprise... apprenez donc que le hasard... ou plutôt celui qui dirige a son gré les destinées, a remis entre mes mains le comte Jules d'Harancour, votre neveu.

(*Mouvement terrible de Darlemont*).

FRANVAL.

Oui, ce jeune sourd et muet dont vous fûtes le tuteur; qui, vit encore... et qui réclame, par l'organe de monsieur de l'Epée, sa fortune et son nom.

DARLEMONT, *cherchant à cacher son trouble.*

Jules, dites-vous... existe encore?...

DE L'ÉPÉE.

Dieu, pour ma récompense, a conservé ses jours.

DARLEMONT.

J'en aurais bien de la joie... mais c'est une fable à laquelle je ne puis ajouter foi... le jeune comte mourut à Paris... il y a près de huit ans.

DE L'ÉPÉE, *le fixant.*

En êtes-vous bien certain?

FRANVAL.

Vous pourriez avoir été trompé.

DARLEMONT.

J'étais moi-même auprès de lui... Et...

DE L'ÉPÉE, *le fixant toujours et le serrant de près.*

Vous avez assisté à ses derniers momens?... Vous avez vu... ce qui s'appelle vu... les restes de cet infortuné?

DARLEMONT, *embarrassé.*

Sans entrer dans toutes ces questions... il me suffira de vous dire que la mort de Jules d'Harancour, fut dans le tems, prouvée en justice, par un acte légal et authentique...

DE L'ÉPÉE, *toujours les yeux sur Darlemont.*

Dont la fausseté m'est démontrée... Et dans ce moment, plus que jamais.

DARLEMONT, *avec plus d'embarras encore.*

Et sur quoi pourriez-vous fonder une pareille conviction?

DE L'ÉPÉE.

Excusez ma franchise... mais ce trouble, cet embarras.... Tout vous décèle malgré vous.

DARLEMONT, *se levant.*

Oserait-on me soupçonner?...

DE L'ÉPÉE, *se levant ainsi que Franval.*

Celui qui pendant soixante ans étudia la nature, en calcula tous les mouvemens, toutes les nuances, lit facilement dans le cœur des hommes... Il ne m'a fallu qu'un seul coup-d'œil, pour démêler ce qui se passe dans le vôtre.

DARLEMONT.

Mon cœur ne se reproche rien.... Il ne vous doit aucun compte... De quel droit, en effet, et à quels titres venez-vous ici tous les deux?...

DE L'ÉPÉE.

Mes droits!... Ceux que donnent huit années de travaux, de soins, de patience; et celui qu'a tout homme sensible, de secourir son semblable... Mes titres!... Ils se réduisent à un seul... Dieu m'a fait dépositaire de Jules d'Harancour, pour le chérir, l'instruire et le venger... J'obéis à ses décrets éternels.

DARLEMONT.

Venger Jules d'Harancour !

FRANVAL.

Mes droits ne sont pas moins sacrés. Le premier est la confiance de cet homme célèbre qui m'a choisi pour achever son ouvrage, le plus beau qui jamais honora l'humanité. Le second est le devoir que m'impose ma profession, de défendre le faible contre le puissant, de tendre les bras à tous les opprimés.

DARLEMONT.

De quelle oppression me parlez-vous?

FRANVAL.

Pour mes titres, je n'en ai de même, je n'en desire qu'un seul : c'est celui de conciliateur entre vous et le jeune comte.

DARLEMONT.

Je ne vous comprends pas.

FRANVAL.

Rien ne peut vous soustraire à ses réclamations; coupable ou non, vous pouvez encore tout réparer; confiez-vous à mon zèle, et croyez qu'après les intérêts de l'orphelin respectable dont je suis le défenseur, rien... non rien ne m'est plus cher au monde, que l'honneur du père de mon ami.

DARLEMONT.

Mais encore une fois, sur quelles preuves, d'après quels indices pouvez-vous penser que ce sourd et muet, pour lequel vous vous intéressez si fort, soit le rejeton des comtes d'Harancour?

FRANVAL.

Tout se réunit pour en prouver l'identité.

DE L'ÉPÉE.

Le rapprochement de l'époque à laquelle il me fut présenté, avec celle où vous le conduisîtes à Paris...

FRANVAL.

Avec celle où le bruit de sa mort fut ici répandu... son âge, son infirmité...

DE L'ÉPÉE.

Une ressemblance frappante avec l'auteur de ses jours.

DARLEMONT.

Une ressemblance !

DE L'ÉPÉE.

Sa joie, son émotion en entrant dans cette ville, en appercevant cet hôtel...

FRANVAL.

La découverte qu'il a déjà faite d'un ancien domestique de ses pères...

DE L'ÉPÉE.

Enfin, les aveux de votre pupille, lui-même...

DARLEMONT, *frappé par chaque détail.*

Ses aveux !

FRANVAL.

Les renseignemens qu'il donne avec une assurance, une précision...

DARLEMONT.

Des renseignemens !

DE L'ÉPÉE.

Cela vous étonne... Vous étiez loin de vous attendre qu'un malheureux sourd et muet...

FRANVAL.

Sachez donc que Jules a trouvé dans monsieur de l'Épée, un nouveau créateur ; que guidé par ses leçons, nourri de ses vertus, embrâsé de son génie, il offre aujourd'hui le modèle de l'éducation la plus parfaite... Instruit sur le passé, plein d'expérience sur le présent, rien n'échappe à sa pénétration, tout se retrace à son souvenir... Vous-même....

DARLEMONT, *vivement, et avec un trouble qui augmente jusqu'à la fin de la scène.*

Non, non ; jamais je ne reconnaîtrai dans cet inconnu, celui... dont la mort ne fut que trop certaine... et je saurai devant les tribunaux...

FRANVAL.

Gardez-vous d'y paraître ; songez qu'il est plus d'un ancien juge qui retrouverait, dans cet orphelin, les traits d'un magistrat, dont Toulouse honore la mémoire; songez qu'il n'est pas un seul habitant de cette ville qui ne fût ému à la vue du jeune comte, au récit de ce qu'a fait pour lui cet ami de l'humanité, à l'aspect de cette tête vénérable, dont les cheveux blancs retracent l'image de ses nombreux bienfaits... Gardez-vous des tribunaux, vous dis-je; vous y seriez confondu, vous y seriez à jamais déshonoré.

DARLEMONT.

Je suis à l'abri de toute crainte... et quand bien même l'acte mortuaire de Jules d'Harancour serait déclaré faux.... la loi ne pourrait atteindre que ceux qui l'ont signé.

FRANVAL.

Et si ces témoins vous accusent de les avoir séduits, et vous nomment leur complice.... vous ne pourrez échapper à la vengeance des loix, et vous partagerez avec eux le châtiment et l'infamie !... Vous frémissez !...

DE L'ÉPÉE.

Votre bouche est prête à revéler le secret de votre cœur ; ne la contraignez pas.

FRANVAL.

Donnez, donnez l'essor à tous les tourmens qui depuis si long-tems couvent dans votre sein.

DE L'ÉPÉE.

Vous n'avez pas d'idée comme le poids d'une faute s'allège, par l'aveu qu'on en fait.

FRANVAL, *lui prenant une main.*

Cédez à nos conseils.

DE L'ÉPÉE, *lui prenant l'autre main.*

Cédez à nos prières.

DARLEMONT.

DARLEMONT, *avec force et s'arrachant brusquement de leurs mains.*

Laissez-moi.... laissez-moi....

(Il s'avance sur le devant du théâtre et reste un instant son visage dans ses mains.)

DE L'ÉPÉE, *bas à Franval.*

Son ame est ébranlée; portons-lui le dernier coup !..

(*Il court à la porte du fond où il fait un signe ; aussitôt Théodore paraît conduit par Marianne qui se tient à l'écart. De l'Epée amène précipitamment Théodore auprès de Darlemont, et le place de manière qu'il soit le premier objet qui frappe la vue de ce dernier, lorsqu'il détourne la tête. De l'Epée et Franval suivent tous ses mouvemens.*)

SCENE XI.

LES PRÉCÉDENS, THÉODORE, MARIANNE.

DARLEMONT, *à part, et reprenant ses sens pendant que de l'Epée va chercher Théodore.*

Ces deux hommes ont un ascendant !... une pénétration!... Sachons leur résister. (*Il reprend une attitude imposante, détourne la tête et apperçoit Théodore.*) Dieux !,..

(*Il reste immobile et comme frappé de la foudre.*)

THÉODORE.

(*Après avoir fixé Darlemont, il jette un cri d'horreur et va se réfugier dans le sein de de l'Epée à qui il fait signe qu'il reconnaît son tuteur qu'il désigne du doigt*).

(*Tableau*).

DE L'ÉPÉE.

Eh bien, doutez-vous maintenant que Jules d'Harancour existe encore ?

DARLEMONT, *toujours dans le plus grand trouble.*

Lui ! mon neveu !

FRANVAL.

Quoi ! vous pourriez soutenir?...

DARLEMONT.

Si c'était Jules... me fuirait-il ainsi?... ne serait-il pas déjà venu se jeter dans mes bras?

DE L'ÉPÉE.

Si ce n'était pas Jules, aurait-il en vous voyant témoigné cet effroi que ressent une ame pure au premier aspect de l'artisan de ses malheurs? ah ! si j'eusse douté jusqu'à cet instant qu'il fût votre pupille, ce seul indice de la nature suffirait pour m'en convaincre.

DARLEMONT, *sans porter ses regards sur Théodore ni sur de l'Epée.*

Je le méconnais, vous dis-je; et le méconnaîtrai toujours jusqu'à ce que par des preuves juridiques...

DE L'ÉPÉE, *s'approchant de Darlemont.*

Vous le méconnaissez, dites-vous... et d'où vient donc que tout votre corps frissonne?...

DARLEMONT, *avec un nouveau trouble.*

Qui?... moi!...

DE L'ÉPÉE.

D'où vient ce cri vengeur qui vous est échappé à la vue du jeune comte?

FRANVAL.

Vos yeux ne peuvent s'arrêter sur cet infortuné.

DE L'ÉPÉE.

Vous voulez en vain lutter contre la nature; elle a prononcé votre arrêt. (*Interprêtant des signes* (1) *que lui fait en ce moment Théodore avec la plus grande vivacité*) Mon élève lui-

(1) Porter les doigts crochus sur la longueur de chaque manche de l'habit et sur chaque cuisse; exprimer, en un mot, un enfant qu'on dépouille et qu'on recouvre ensuite de lambeaux.

même m'assure par ses signes, qu'il vous reconnait; que c'est vous qui le conduisîtes à Paris; que c'est vous...

DARLEMONT, *l'interrompant brusquement.*

Finissons... je suis las à la fin de tant d'importunités... sortez tous de chez moi.

FRANVAL, *avec force et dignité.*

De chez vous!... nous sommes chez Jules d'Harancour.

DARLEMONT, *avec emportement et d'une voix très-élevée.*

Sortez, vous dis-je..... ou craignez les effets de ma colère.

SCENE XII.

LES PRÉCÉDENS, ST.-ALME.

ST.-ALME, *accourant par la porte latérale.*

Quel bruit étrange!... Oserait-on vous insulter, mon père?... que vois-je!... c'est Franval!...

THÉODORE.

(Il a reconnu St.-Alme, pendant le couplet précédent, il s'élance vers lui, en jetant un cri de joie, le serre dans ses bras et le couvre de caresses).

ST.-ALME.

Quel est donc ce jeune homme, dont les caresses?....

FRANVAL.

C'est Jules d'Harancour, votre cousin.... c'est le pupille de votre père.

ST.-ALME, *avec l'ivresse de la joie.*

Serait-il vrai?

DARLEMONT, *avec force et vivacité.*

On vous trompe, mon fils.

ST.-ALME.

Non, non; quoique ses traits soient changés par le tems, je sens que mon cœur....

DARLEMONT, *à St.-Alme avec plus de force.*

On vous trompe, vous dis-je, c'est un piège qu'on nous tend.

ST.-ALME.

Un piège! et pourquoi?....

DARLEMONT.

Oui, mon fils.

ST.-ALME.

Il est facile au reste de nous convaincre.... *(Il relève la manche du bras droit de Théodore et fait voir sa cicatrice.)* C'est lui!

DARLEMONT.

C'est lui!

ST.-ALME.

Oui, oui, voilà cette cicatrice à qui je dois la vie; voilà mon libérateur!

(Ils se pressent plus fortement encore et se confondent dans les bras l'un de l'autre).

DARLEMONT.

St.-Alme, retirez-vous!

ST.-ALME, *tenant toujours Théodore dans ses bras.*

Moi, repousser Jules de mon sein!

DARLEMONT.

Retirez-vous; ou craignez....

ST.-ALME.

Dût votre malédiction s'accomplir à l'instant.... dût la foudre céleste m'écraser à vos yeux, je ne puis m'empêcher de tressaillir à la vue de mon premier ami, du compagnon de mon enfance.... Je ne puis résister au cri de la nature.

(Il serre de nouveau Théodore dans ses bras. Rage et confusion de Darlemont qui va s'asseoir dans un fauteuil à la gauche du spectateur, et tourne le dos aux personnages qui occupent la scène).

DE L'ÉPÉE *à Darlemont après un instant de silence.*

Et vous pouvez n'être pas touché de ce spectacle! vous pouvez être insensible aux larmes que je vois dans tous les yeux, à ces douces émotions qui remplissent tous nos cœurs!.... Ah! monsieur, que je vous plains!

FRANVAL, *aussi à Darlemont.*

Il faut enfin que vous cédiez à la force des évènemens. Il ne vous est plus possible de résister; et lorsque votre fils lui-même...

ST.-ALME.

Mon père, au nom du ciel!...

DARLEMONT, *avec véhémence, et se levant.*

Taisez-vous... (*à Franval et à de l'Epée*). Non, non; je ne reconnais point le comte, dans ce sourd et muet: et malgré tout ce que vous pourrez entreprendre, malgré les témoignages que vous pourrez invoquer, je saurai maintenir dans toute sa force l'acte mortuaire de Jules d'Harancour, et conserver tous mes droits. Délivrez-moi donc de votre présence, et sortez tous de mon hôtel. (*Il s'assied de nouveau*).

DE L'ÉPÉE, *conduisant Théodore au milieu du devant du théâtre.*

Viens, malheureux et intéressant orphelin; faible roseau depuis si long-tems battu par la tempête.... (1) Va, si les lois ne te vengent pas, si l'imposture et la cupidité te chassent de tes foyers, il te restera toujours le cœur et le toit paisible de ton vieux de l'Épée.

ST.-ALME, *avec un mouvement de respect et de surprise.*

De l'Épée!...

(*De l'Epée en s'éloignant, jette, ainsi que Théodore un regard sur Darlemont, toujours immobile et les yeux baissés: Marianne les suit, et forme avec eux un groupe à la porte du fond*).

---

(1) Ici Théodore porte doucement le doigt aux yeux de de l'Epée, pour essuyer des larmes qu'il en voit couler.

FRANVAL, *à Darlemont.*

Si jusqu'ici j'ai employé les égards que je devais au père de St.-Alme.... (*Il serre avec émotion la main de St.-Alme*) comptez que j'userai maintenant de tous les moyens que le devoir m'ordonne, de toute la force que produit l'indignation... (*Après un mouvement que lui fait éprouver un regard de St.-Alme*). Quelle que soit l'ombre dont vous espériez vous envelopper, quels que soient et votre crédit et votre puissance, vous ne m'échapperez pas; non, non, vous ne m'échapperez pas.

(*Il rejoint le groupe au fond du théâtre*).

ST.-ALME, *courant après lui.*

Franval !... mon ami !.... Je serai chez vous dans un instant.

SCENE XII.

DARLEMONT, ST.-ALME.

DARLEMONT.

(*A part, pendant que St.-Alme conduit Franval jusqu'à la porte du fond*).

Enfin ils sont partis !...

ST.-ALME, *revenant après avoir fermé la porte.*

Mon père, daignez m'écouter.

DARLEMONT.

Fuis aussi ma présence.

ST.-ALME.

C'est Jules; vous n'en pouvez douter.

DARLEMONT.

Laisse-moi, malheureux.

ST.-ALME.

Vous nous perdez, mon père.

DARLEMONT.

C'est toi seul qui nous perds, jeune insensé dont l'imprudence et l'indiscrétion... Mais je saurai tout réparer.

(*Il s'éloigne*).

ST.-ALME, *se jetant à genoux, et l'arrêtant par ses habits.*

Au nom de ce qu'il y a de plus sacré, ne cédez point à l'ambition qui vous égare; restituez.....restituez des biens qui ne nous appartiennent point... (*Mouvement terrible de Darlemont qui veut se débarrasser des mains de St.-Alme toujours attaché à ses habits*). Si vous me laissez sans fortune, j'aurai ce qui vaut mieux encore, un nom sans reproche, et votre mémoire à chérir... (*Darlemont l'entraine toujours à genoux vers la porte latérale*). Mon père! Vous ne m'écoutez pas;... vous me fuyez;... vous détournez les yeux... mon père!... (*d'une voix déchirante*). Vous nous déshonorez!... vous nous déshonorez!...

(*Il est entraîné par Darlemont dans la coulisse, et la toile tombe*).

FIN DU QUATRIÈME ACTE.

ACTE CINQUIÈME.

La décoration est la même qu'au second acte.

Au lever de la toile, Franval écrit sur son bureau, auprès duquel Théodore assis, lit dans un livre (1) *; de l'Epée se promène, méditant tour-à-tour, et prenant part à ce que Franval écrit; vers le milieu du théâtre, madame Franval dans un grand fauteuil, fait de la tapisserie; à sa gauche, Clémence sur une chaise, brode au tambour; elle porte souvent ses regards sur son frère, et témoigne de la souffrance et de l'inquiétude.*

SCENE PREMIERE.

DE L'ÉPÉE, THÉODORE, FRANVAL, MAD. FRANVAL, CLÉMENCE.

CLÉMENCE.

DOMINIQUE tarde bien à revenir.

(1) Il doit, en lisant, remuer de tems en tems les doigts de la main droite, pour exprimer les mots qu'il lit. C'est l'usage des sourds-muets.

Mad. FRANVAL.

Il est si lent dans tout ce qu'il fait !

FRANVAL, *écrivant toujours.*

J'éprouve, en rédigeant cet acte d'accusation.... une émotion dont il m'est impossible de me défendre.

Mad. FRANVAL.

Je vous conseille, mon fils, de chercher encore à ménager ce Darlemont....

DE L'ÉPÉE, *se promenant toujours.*

Il est certain qu'on ne saurait porter plus loin l'imposture et l'audace...... Je n'aurais jamais pensé qu'il eût pu résister à nos instances, et surtout à la vue de cet infortuné. (*Il désigne Théodore qui paraît enseveli dans sa lecture*).

Mad. FRANVAL.

C'est un usurpateur dont on ne saurait trop hâter la punition.

FRANVAL, *écrivant toujours.*

J'en conviens... mais son fils !

CLÉMENCE.

Qui pourrait ne pas s'intéresser à ce jeune homme ?

(*De l'Epée fixe Clémence et fait sentir qu'il soupçonne son amour.*

FRANVAL, *cessant d'écrire.*

A son nom seul je sens mon cœur qui se brise..... Et malgré moi, la plume s'échappe de ma main.

DE L'ÉPÉE.

Je conçois toute l'étendue de votre sacrifice; mais je n'ai d'espoir qu'en vous.

FRANVAL, *avec force.*

Vous triompherez ; oui votre Théodore sera vengé..... (*avec sentiment*), mais pardonnez à l'amitié ce juste tribut, cette souffrance involontaire.

DE L'ÉPÉE.

Moi, blâmer ces généreux combats !... Ah ! croyez plutôt que je les partage.... Si des ménagemens pouvaient réussir, je serais le premier à en réclamer l'emploi; mais l'ambitieux Darlemont ne cédera qu'à la force; n'obéira qu'à la voix terrible de la justice.

FRANVAL.

Oui, oui, terrible!... cette plainte une fois lancée, rien ne pourra sauver Darlemont des peines infamantes prononcées par la loi... que faire alors de son malheureux fils dont l'ame brûlante et l'extrême sensibilité?... mais j'ose me flatter encore qu'il déterminera son père à prévenir un éclat juridique dont les suites cruelles...

Mad. FRANVAL, *travaillant toujours.*

Et moi je suis sûre qu'il n'y parviendra pas.

CLÉMENCE.

Eh! pourquoi?... si la voix d'un père ramène à la vertu des enfans égarés, celle d'un fils... et d'un fils tel que St.-Alme, doit avoir quelques droits sur le cœur paternel.

DE L'ÉPÉE, *fixant toujours Clémence.*

Je pense comme mademoiselle; je compte beaucoup... mais beaucoup sur ce jeune homme.

SCENE II.

LES PRÉCÉDENS, ST.-ALME. *Il entre avec abbatement, et s'arrête au fond du théâtre, sans être apperçu d'aucun de ceux qui l'occupent.*

FRANVAL, *écrivant toujours.*

Il est loin de penser que cette main qui tant de fois fut pressée dans les siennes, trace en ce moment l'accusation de son père.

(*Saint-Alme laisse échapper un mouvement terrible qu'il réprime avec peine*).

DE L'ÉPÉE, *appercevant St.-Alme.*

Le voici!

FRANVAL, *cessant d'écrire, et se relevant brusquement.*

Dieux !

(*Moment de silence général*).

ST.-ALME, *abordant avec réserve et dignité Franval, qui n'ose porter les yeux sur lui.*

Vous n'entendrez aucun murmure. . . . ce que vous avez fait... tout autre l'eût fait ainsi que vous... il est des circonstances où le sentiment doit se taire et faire place au devoir.

(*Clémence laisse tomber son ouvrage, et paraît dans le plus grand trouble*).

DE L'ÉPÉE.

Faut-il que pour satisfaire à celui que le ciel m'impose, je sois forcé de déchirer une ame telle que la vôtre. . . . vous n'imaginez pas, monsieur, combien il en coûte à mon cœur.

FRANVAL, *à St.-Alme.*

Jugez de ce qui se passe dans le mien ; d'un côté la confiance dont on m'honore, (*il désigne de l'Epée.*) la justice qu'attend cet opprimé, m'ordonne d'agir; de l'autre l'amitié me retient et m'enlâce. Je ne puis faire un pas sans être coupable ; prendre aucun parti, sans me préparer des regrets... Jamais on n'éprouva plus de tourmens à la fois, jamais on ne se trouva dans une situation plus cruelle.

ST.-ALME, *serrant tour-à-tour les mains de Franval et de de l'Epée.*

Ah ! j'étais bien sûr de trouver en vous cet élan généreux, ce pénible embarras.... (*à de l'Epée.*) Je ne m'attendais pas moins à ce touchant langage, à ce tendre intérêt qui caractérisent si bien l'appui des malheureux et le bienfaiteur des hommes.... Mais si vous avez rempli tous les deux votre devoir, vous me permettrez de remplir à mon tour celui que me prescrit la nature, et de prendre la défense d'un père.

FRANVAL, *vivement.*

Auriez-vous obtenu de M. Darlemont ?..

St.-ALME, *avec douleur.*

Il n'a pas voulu m'entendre.... il m'a repoussé de son sein. Ce que l'honneur a de plus imposant, ce que l'amour filial a de plus tendre... rien, rien n'a pu le fléchir; il persiste à vouloir prouver la mort de son pupille, et garde sur tout le reste le silence le plus farouche.

(Il s'appuie sur Franval.)

THÉODORE.

(Il apperçoit St.-Alme dans l'abattement; il se lève précipitamment, jette son livre, et va presser son cousin dans ses bras.)

FRANVAL.

St.-Alme, calmez-vous.

DE L'ÉPÉE, *à St.-Alme.*

Regardez votre jeune ami; on dirait qu'il vient de vous entendre, et qu'il cherche à vous offrir ses consolations.

St.-ALME, *pressant Théodore contre son cœur.*

Que j'ai de plaisir à le revoir!... faut-il qu'après une aussi longue séparation, cette entrevue soit mêlée de souffrance et de crainte!.. mais est-il bien certain?... Etes-vous donc l'un et l'autre assez convaincus que mon père soit coupable....

SCENE III.

LES PRÉCÉDENS, DUPRÉ, *tête nue et dans le plus grand égarement.*

DUPRÉ, *à Franval.*

Ah! monsieur!... ce que monsieur Darlemont vient de m'apprendre serait-il vrai!... Le jeune comte d'Harancour....

FRANVAL, *désignant de l'Epée.*

Vous voyez celui qui l'a sauvé.

DUPRÉ.

Dieux!... (*Il apperçoit Théodore qui l'examine*). Oui, c'est lui!... enfin je le revois!

THÉODORE.

(*Il s'élance vers Dupré et veut le presser dans ses bras*).

DUPRÉ, *reculant et évitant les caresses de Théodore.*

Il ne voit en moi que celui qui soigna son enfance.... Il ignore que je suis indigne de ses caresses...... et que j'ai moi-même contribué à sa perte.

ST.-ALME.

Vous, Dupré!

THÉODORE.

(*A plusieurs signes de de l'Epée, il suspend tout-à-coup ses caresses; reste immobile un instant et recule peu-à-peu, en fixant Dupré avec un sentiment de surprise et de douleur*).

DUPRÉ.

Mais il faut qu'il connaisse tous mes remords.... Il faut qu'il me permette de mourir à ses pieds.

(*Il tombe aux pieds de Théodore*).

FRANVAL, *le relevant.*

Remettez-vous; et achevez de nous instruire....

ST.-ALME.

Ce fut lui qui seul accompagna mon père, lorsqu'il conduisit le jeune comte à Paris.

FRANVAL, *à Dupré.*

Il y a huit ans, à-peu-près?

DUPRÉ.

Oui, monsieur.

ST.-ALME.

Eh bien?

DUPRÉ.

Le soir même de notre arrivée, monsieur Darlemont me donna l'ordre de me procurer les habits de quelque mendiant, et d'en revêtir le petit Jules....

DE L'ÉPÉE.

Justement, ce fut sous ces lambeaux qu'il me fut présenté.

DUPRÉ.

Dès qu'il fut ainsi déguisé, son oncle le fit monter avec lui dans une voiture de place, et ils disparurent... Quelques heures après monsieur Darlemont rentra seul : je lui en témoignai ma surprise, je le pressai de questions; il me confia qu'il venait enfin d'exécuter un projet qu'il méditait depuis long-tems et qu'il avait perdu le jeune comte au milieu de Paris.

ST.-ALME, *suffoqué et d'un ton délirant.*

Quoi! mon père lui-même!.... Il aurait eu la barbarie!...

DUPRÉ.

Pour s'assurer les biens du jeune d'Harancour, il fallait que M. Darlemont pût annoncer sa mort et la prouver en justice. Deux témoins lui étaient nécessaires : le premier fut l'hôte qui nous logeait à Paris, et qu'il séduisit à force d'argent.

ST.-ALME, *mettant la main sur la bouche de Dupré.*

Malheureux!... (*changeant de ton*) achevez...

FRANVAL.

Et le second témoin?

DUPRÉ.

Ce fut moi (1)... Conduit dans un temple où tout avait été préparé.... j'y signai l'acte mortuaire de Jules d'Harancour; et peu de jours après nous partîmes pour Toulouse, où à l'appui de cet acte, monument de la plus atroce perfidie...

ST.-ALME, *du ton le plus déchirant.*

Arrêtez... il ne m'est donc plus possible d'en douter... Oh!

---

(1) De l'Epée explique à Théodore le faux qu'a commis Dupré, en traçant quelques lignes sur sa main gauche avec les doigts de la main droite; et penchant ensuite sa tête, les yeux fermés, sur sa main droite; ce qui exprime la mort. Théodore fixe alors Dupré avec indignation, et s'éloigne de lui.

qu'il est accablant le poids affreux du crime d'un père !... (*Il tombe dans un fauteuil, soutenu par Franval, et paraît dans l'abattement le plus douloureux*).

DUPRÉ.

Depuis ce jour fatal, je n'ai pu trouver un instant de repos. Le ciel est juste, il a conservé cette honorable victime, et je viens vous offrir de tout avouer en public, de me dénoncer au tribunal des lois : je connais la rigueur des peines qui m'y attendent; j'y suis tout résigné. Heureux, si en expiant le crime dont je fus le complice, je puis contribuer à réparer les maux qu'il a causés?

ST.-ALME, *se levant avec force, comme frappé d'une idée.*

Oui, oui; il faut les réparer... Suis moi, malheureux vieillard. (*Il entraîne Dupré*).

DUPRÉ.

Disposez de moi, monsieur.

FRANVAL, *courant après St.-Alme, et le retenant.*

St.-Alme, où allez-vous?

ST.-ALME.

Où le désespoir m'appelle.

DE L'ÉPÉE.

Songez que Théodore...

ST.-ALME.

Sa vue augmente mon supplice.

FRANVAL.

Que prétendez-vous faire?

ST.-ALME.

Le venger, ou mourir.

DE L'ÉPÉE, *le retenant avec Franval.*

Votre raison s'égare.

ST.-ALME.

Laissez-moi.

FRANVAL.

Souffrez que votre ami...

ST.-ALME, *s'arrachant des bras de de l'Epée et de Franval, et s'élançant avec égarement sur le devant du Théâtre.*

O mon père!... mon père!... (*à Franval et à de l'Epée qui veulent toujours le retenir*) Laissez-moi... laissez-moi!.. (*Il sort avec précipitation et emmène Dupré*).

SCENE IV.

DE L'ÉPÉE, (*rassurant par quelques signes, Théodore inquiet et agité*), THÉODORE, FRANVAL, Mad. FRANVAL, CLÉMENCE, (*dans le plus grand abbattement, et toujours observée par de l'Epée*).

Mad. FRANVAL.

Enfin nous connaissons toute la trame ourdie par ce Darlemont!...

FRANVAL.

Profiter de l'infirmité d'un enfant sans défense et sans appui! violer à ce point les droits du sang et de la confiance!... Je l'avouerai, j'avais besoin du témoignage de ce vieillard, pour croire à tant de perfidie.

DE L'ÉPÉE.

Vous voyez que Théodore ne s'était point trompé.

Mde. FRANVAL.

Balancerez-vous encore, mon fils, à livrer ce coupable à la vengeance des lois?... Attendrez-vous qu'il use de son crédit et de son opulence, pour vous prévenir dans vos démarches?

DE L'ÉPÉE.

J'ajouterai à ces observations importantes que Théodore n'est pas le seul à qui je doive mes soins, que tous mes autres élèves

élèves que j'ai laissés à Paris, souffrent beaucoup de mon absence, et que je dois pour eux économiser mes instans.

FRANVAL.

Oui... oui, je serais criminel si je tardais plus long-tems à remplir le devoir que votre confiance m'impose. Signons donc cette plainte.

(*De l'Epée et Théodore signent l'écrit qui est sur le bureau*).

CLÉMENCE, *à part*.

Il n'est donc plus d'espoir !

SCENE V.

LES PRÉCÉDENS, DOMINIQUE, MARIANNE.

Mde. FRANVAL.

Eh ! arrivez donc, Dominique, arrivez donc... Eh bien vous ne nous amenez personne ? ....

DOMINIQUE, *encore tout essoufflé*.

Ce n'est pas faute d'avoir couru.... d'avoir cherché partout... Nous avons été d'abord chez Pierre l'ancien palefrenier... Il était sorti dès le matin avec sa femme.

MARIANNE.

De là, nous sommes allés chez la pauvre Maurice, la veuve du cocher...

DOMINIQUE.

En campagne pour toute la journée... Mais nous avons bien recommandé à plusieurs personnes qui demeurent auprès, de leur dire de se rendre ici dès qu'ils seraient de retour.

FRANVAL.

Vous avez eu grand soin de taire le motif...

DOMINIQUE.

Monsieur sait bien que lorsqu'on me confie un secret....!

FRANVAL, *tenant la plainte d'une main, et prenant de l'autre son chapeau.*

Je ne fais aucun doute que cette plainte, par la nature des faits qu'elle contient, (*à de l'Epée*) et surtout revêtue d'un nom tel que le vôtre, n'excite tout le zèle des magistrats. Vous allez m'accompagner tous les deux... (*à madame Franval et à Clémence dont le trouble est au dernier degré*). Si St.-Alme revenait en notre absence... calmez-le, je vous en supplie... vous surtout, ma sœur... répétez-lui combien il m'en coûte... Mais un seul instant de retard pourrait nuire au jeune comte et donner à son oppresseur des armes redoutables... Marchons!

(On entend du bruit dans la coulisse).

CLÉMENCE.

J'entends quelqu'un, je crois.

DOMINIQUE, *regardant à la porte.*

C'est monsieur St.-Alme... Dans quel trouble, grand dieu ; dans quelle agitation ! ...

SCENE VI ET DERNIERE.

LES PRÉCÉDENS, ST.-ALME, *sans chapeau, sans épée et dans le plus grand désordre.*

ST.-ALME, *entrant avec précipitation.*

Mon ami ! ... Mon ami ! ...

(*Il tombe suffoqué dans les bras de Franval qui le dépose sur un fauteuil ; Théodore vole à son secours et témoigne le plus vif intérêt : tous les autres l'entourent*).

FRANVAL.

St.-Alme, revenez à vous !

ST.-ALME, *fixant ceux qui l'entourent.*

Mon père !... (*Il veut continuer, l'émotion qu'il ressent lui coupe la voix*).

FRANVAL.

Expliquez-vous.

ST.-ALME.

Mon père...

DE L'ÉPÉE.

Achevez.

ST.-ALME, *d'une voix entrecoupée et avec une force graduée.*

Déchiré par le récit de ce vieux domestique, (*il se lève*) j'ai couru.... j'ai forcé la porte du cabinet où mon père s'était enfermé.... Dupré qui m'avait suivi... lui a dit qu'il vous avait tout révélé.... et qu'il était résolu d'aller le dénoncer avec lui.... « Vous m'avez fait participer à votre crime, a-t-il ajouté, « je vous ferai partager mon supplice !.... Frappé de la menace de ce vieillard, mon père a frémi; j'ai saisi cet instant.. et mettant sur ma poitrine la pointe de mon épée, j'ai dit à mon tour : » Je vais être par vous déshonoré; » jeune encore, j'aurais trop long-tems à souffrir... J'expire » donc à vos yeux,..si à l'instant même, à l'instant... vous ne » signez la reconnaissance de Jules d'Harancour.... » Ce cri du désespoir, l'idée d'une tache ineffaçable, et surtout la certitude de ma mort, ont enfin produit l'effet que j'attendais... La nature a triomphé.... mon père s'est ému.... et d'une main tremblante.... il a tracé cet écrit que je vous apporte.... (*Il remet à Franval un écrit qu'il tire de son sein.*) le voilà! le voilà!

FRANVAL, *il lit.*

« Je reconnais Jules d'Harancour dans l'élève de M. l'abbé de l'Epée, connu sous le nom de Théodore, et je suis prêt » à lui restituer tous ses droits... »

DARLEMONT.

DE L'ÉPÉE, *se découvrant.*

Dieu puissant ! graces immortelles te soient rendues !

(*Il prend l'écrit des mains de Franval et le remet à Théodore.*)

FRANVAL, *à St.-Alme.*

De quel poids, mon ami, vous venez de soulager mon cœur !

(*Il déchire l'accusation qu'il tient encore à la main.*)

THÉODORE.

(*Dès qu'il a lu l'écrit, il se jette aux pieds de de l'Epée, et les baise ; se relève ivre de joie, va sauter au col de Franval; s'avance ensuite au devant de S.-Alme, le fixe, s'arrête tout-à-coup comme frappé d'une idée, et s'élance au bureau où il trace quelques lignes au bas de l'écrit de Darlemont.*)

FRANVAL.

Que fait-il?... et quel est son dessein?

DE L'ÉPÉE.

Je l'ignore.

ST.-ALME.

Il paraît singulièrement ému.

CLÉMENCE.

On dirait que des larmes s'échappent de ses yeux.

THÉODORE.

(*Il revient auprès de St.-Alme, lui prend une main qu'il pose sur son cœur, et lui donne de l'autre à lire l'écrit qu'il vient de faire*).

ST.-ALME, *lit avec la plus vive émotion.*

« Je ne puis être heureux aux dépens de mon premier ami...
» Je lui donne la moitié des biens qui me sont rendus...
» Il ne peut me refuser ; nous fûmes accoutumés dès l'enfance à tout partager en frères ; nos cœurs en se rejoignant, doivent reprendre leurs habitudes »... Dieux !... (*Il presse Théodore dans ses bras et leurs caresses se confondent*).

DE L'ÉPÉE, *serrant Théodore contre son sein, avec la plus vive émotion.*

Ce trait seul m'a payé de tout ce que j'ai fait pour lui.

MARIANNE.

Il sera bienfaisant comme l'était son père. (*à de l'Epée*). Monsieur, puis-je espérer qu'il me sera permis de terminer mes jours auprès de mon jeune maître?

DE L'ÉPÉE.

Oui, bonne femme, vous et tous les anciens domestiques de l'hôtel, que vous pourrez découvrir.

FRANVAL.

Mais c'est à condition, Marianne, que vous garderez, ainsi que nous tous, un silence éternel sur la cause des malheurs du jeune comte.

ST.-ALME.

Que ne puis-je effacer un pareil souvenir !... Et comment pourrai-je jamais en adoucir l'amertume?

DE L'ÉPÉE, *fixant Clémence avec un sourire de bonté.*

Si mademoiselle vous y aidait... en s'associant à votre sort ?...

FRANVAL, *à de l'Epée.*

On voit bien que rien ne peut échapper à votre pénétration.

Mad. FRANVAL.

Mais songez donc qu'un pareil mariage...

DE L'ÉPÉE.

Comblera les vœux d'un couple qui s'aime, et au bonheur duquel je desire contribuer.

Mad. FRANVAL.

Il faut que ce soit vous, monsieur, pour me déterminer... mais comment se défendre de concourir à vos bienfaits.

THÉODORE.

D'après un geste de de l'Epée (1), *il unit St.-Alme et Clémence, et presse sur son cœur leurs mains entrelacées).*

---

(1) Exprimer l'union en pressant deux fois les mains l'une dans l'autre et désignant le doigt où l'on met l'anneau nuptial.

DOMINIQUE, *désignant Théodore.*

Aimable jeune homme!... s'il intéresse ainsi, sans parler; que serait-ce donc si l'on pouvait l'entendre!

CLÉMENCE.

Moment délicieux que j'étais loin d'espérer?

ST.-ALME.

On peut sentir... mais non pas exprimer mon bonheur....

FRANVAL.

Celui que j'éprouve ne peut se mesurer qu'à mon admiration... (*à de l'Epée.*) Homme bienfaisant, que vous devez être glorieux de votre élève!.. Comparez ce qu'il est en ce moment, avec ce qu'il était quand il vous fut présenté, et jouissez de votre ouvrage.

DE L'ÉPÉE, *fixant Théodore et ceux qui forment grouppe autour de lui.*

Enfin, le voilà rétabli dans ses foyers!... Le voilà décoré du nom sacré de ses pères et déjà entouré des heureux qu'il a faits! O providence!.... Il ne me reste plus rien à desirer au monde; et quand je quitterai cette dépouille mortelle, je pourrai me dire: « Dormons en paix, j'ai bien rempli ma » carrière! »

www.ingramcontent.com/pod-product-compliance
Ingram Content Group UK Ltd.
Pitfield, Milton Keynes, MK11 3LW, UK
UKHW021108260726
13994UKWH00002B/793

9 782329 428765